Tom Kenyon
Wendy Kennedy

Lebe in deinem eigenen Licht

Tom Kenyon
Wendy Kennedy

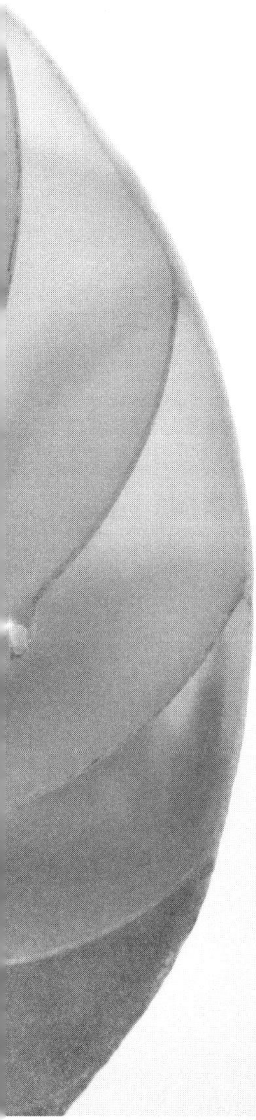

Lebe in deinem eigenen Licht

Lehren der Plejadier, der Hathoren und der Magdalena von Arcturus

Wichtiger Hinweis

Die im Buch veröffentlichten Empfehlungen wurden von Verfassern und Verlag sorgfältig erarbeitet und geprüft. Eine Garantie kann dennoch nicht übernommen werden. Ebenso ist die Haftung der Verfasser bzw. des Verlages und seiner Beauftragten für Personen-, Sach- und Vermögensschäden ausgeschlossen.

Der leichteren Lesbarkeit zuliebe wurde zumeist auf die Doppelung männlicher und weiblicher Formen nach dem Muster »der ... oder die ...«, »er bzw. sie« usw. verzichtet. Selbstverständlich soll die übliche männliche Form den weiblichen Teil der Bevölkerung umfassen.

Aus dem Englischen
von Nayoma de Haën

Titel der Originalausgabe:
The Great Human Potential. Walking in One's Own Light.
Teaching from the Pleiades and the Hathors.
Herausgegeben von Martine Vallée.

originally published in 2013 by Ariane Éditions, Canada

Deutsche Ausgabe:

2. Auflage 2014

Lektorat: Maria Müller-de Haën
Covermotiv: Carl Lemyre
Layout: Birgit-Inga Weber
Gesamtherstellung: Karin Schnellbach
Druck: CPI Moravia Books
ISBN 978-3-86728-250-5

Inhalt

Einleitung

der Herausgeberin Martine Vallée

Das größte aller Potenziale:
im eigenen Licht zu leben.

Liebe Freunde,

ich habe meine Verlagsarbeit zwar im Prinzip aufgegeben, um mich globaleren Themen zuzuwenden, aber ab und zu stehe ich noch für »besondere Projekte« zur Verfügung. »Lebe in deinem eigenen Licht« ist eines davon.

Während ich dieses Buch vorbereitete, dachte ich oft an den Weg, den wir alle gehen. Zu den kostbarsten Momenten dieses Weges gehört meiner Ansicht nach der Augenblick, in dem wir unsere eigene göttliche Natur entdecken und unsere Reise zurück zum Ursprung antreten.

Ich erinnere mich noch deutlich an meine eigene Erfahrung davon. Eine Weile ging ich wie auf Wolken. Ich wusste, ich hatte eine Tür aufgemacht, die nur darauf gewartet hatte, geöffnet zu werden. Ich war in die Sphäre meines höheren Bewusstseins eingetreten, und eine völlig neue Welt tat sich mir auf. Meine Reise hatte begonnen, und ich fühlte mich so frei und lebendig wie nie zuvor. Ich bin mir sicher, viele von Ihnen, die dies lesen, wissen genau, was ich meine.

Wir leben in einer Zeit großer Beschleunigung und Erweiterung. Wenn wir wirklich von einer Wirklichkeit zur nächsten und von einer Schwingung zur nächsten überwechseln wollen, müssen wir uns ernsthaft daran machen, unsere falschen Überzeugungen, Bewertungen und Manipulationen aufzulösen, vor allem jene, die aus dem religiösen Bereich stammen. Es sind sehr starke Programmierungen, die uns in der Angst und im Drama gefangen halten, und wo es Drama gibt, da gibt es Karma. Eine weitere Herausforderung besteht in der Erkenntnis, dass unser ganzes Potenzial darin liegt, im Moment zu leben, nicht in der Vergangenheit oder Zukunft. Wir nehmen den gegenwärtigen Moment oft nicht wahr und bringen uns damit um seine Kraft.

Im Moment haben wir die Chance, ein neues Szenario zu erschaffen. Wir bewegen uns auf eine völlig andere Art von Bewusstsein zu, von einem egozentrischen Bewusstsein zu einem ökozentrischen Bewusstsein, wie es Otto Scharmer in seinem Buch »Theorie U – Von der Zukunft her führen« nennt. Diese höhere Bewusstseinsebene erfordert die Erkenntnis, dass wir keine Opfer sind, sondern willige Teilnehmer. Wenn wir begreifen, dass wir zu 100 Prozent die Schöpfer unserer Wirklichkeit sind, und das akzeptieren, verändert sich alles.

Die Plejadier der neunten Dimension sagen, *wenn ihr euch noch als Opfer betrachtet, habt ihr nicht die volle Verantwortung für euren Anteil an der Schöpfung übernommen. Ihr bewertet, und Bewertungen beruhen auf der Geisteshaltung von Opfer/Täter.*

Mit dem Übergang von 2012 steht jedem von uns eine neue Blaupause zur Verfügung, die uns alle Potenziale und Wirklichkeiten ermöglicht. Das wirklich Aufregende dabei ist, dass die Veränderungen, die von nun an möglich sind, nicht nur oberflächlich, sondern tief verankert sein werden. Wir müssen tief in unser Sein, in unsere Menschlichkeit eintauchen und erkennen, zu was wir werden wollen, nicht nur individuell, sondern als Gemeinschaft, als Nationen. Es gibt keine Trennung mehr.

Mit diesem Buch möchte ich den Lesern die Möglichkeit geben, ihr höchstes Potenzial zu leben. Dafür habe ich Materialien einiger höchst interessanter und wirkungsvoller Wesenheiten zusammengestellt: der Plejadier der neunten Dimension, die von Wendy Kennedy gechannelt werden, sowie der Hathoren und von Magdalena, die von Tom Kenyon gechannelt werden.

Wie ich zugeben muss, liegen mir die Channellings von Wendy besonders am Herzen. Durch sie habe ich endlich die wahre Natur der Illusion begriffen – und wie uns unsere Bewertungen und Ängste in der Illusion und damit in dem »Spiel« gefangen halten. Sie enthalten viele Lösungsansätze für die Integration dieser Bewertungen und Ängste, damit wir die Geschichte umschreiben können, nicht nur unsere eigene, sondern auch die der Menschheit.

Und dann ist da Tom Kenyon. Tom und seine Frau Judi gehören zweifellos zu den Menschen, die mein Leben stark beeinflusst haben. Durch Tom und die Hathoren habe ich die Macht des Klangs entdeckt, und diese Klänge hatten einen großen Anteil an meiner spirituellen Entwicklung. Sie eröffneten mir Bereiche, die nur durch Klänge geöffnet werden können. Ich bin für seine Arbeit unendlich dankbar. Judi und er bilden ein großartiges Team. Im Jahr 2013 hat Toms Erforschung der ägyptischen Alchemie ihren 25. Jahrestag gefeiert. Welch fantastische Reise!

Ich bin Ihnen allen, die Sie sich Zeit nehmen, dieses Buch zu lesen, zutiefst dankbar. Der Weg »nach Hause« ist nicht leicht, doch wenn wir den Mut haben, die Inspiration hinter jeder unserer Schöpfungen zu sein, werden wir in unserem eigenen Licht leben. Gibt es etwas Schöneres?

Und indem wir die Verantwortung für diese spirituelle Reise übernehmen, unser Potenzial würdigen und in unserem vollen Licht leben, erkennen wir, dass jeder von uns in der Wiedergeburt unserer Zivilisation eine Rolle spielt. Und das, liebe Leser, ist der Beginn einer brandneuen Wirklichkeit.

Ich wünsche allen eine gute Reise!

Martine Vallée
Montreal, August 2013

Anmerkung zur deutschen Ausgabe:
Tom channelt neben den Hathoren seit dem Jahr 2000 auch Maria Magdalena, die einstige Gefährtin von Jeshua ben Joseph (das ist Jesus); sie ist vielen Lesern schon aus »Das Manuskript der Magdalena« bekannt. In der vorliegenden deutschen Ausgabe von »Lebe in deinem eigenen Licht« werden im Dritten Buch der Potenziale erstmalig bislang unveröffentlichte Texte aus privaten Gesprächen präsentiert; hier stellt Judi Sion die Fragen, und Tom channelt Maria Magdalena.

Erstes Buch
der Potenziale

Das Kollektiv der Plejadier der neunten Dimension

Wir halten die in diesem Buch
enthaltenen Informationen
für das, was am besten eurer
derzeitigen Schwingung entspricht.

Einführung

von Wendy Kennedy

Mein Abenteuer mit dem Channeln begann 1994. Nachdem ich ein Jahr lang mit meinen Engelsführern und ein paar anderen höherdimensionalen Wesen über automatisches Schreiben kommuniziert hatte, wurde mir eine Gruppe von Wesen von den Plejaden vorgestellt, die sich *das Kollektiv der Plejadier der neunten Dimension* nannte. Sie hatten geduldig abgewartet, bis meine Schwingung hoch genug war, um mit ihnen verbal zu kommunizieren, da sie sich über Klänge mitteilen.

Die Arbeit mit ihnen war für mich eine ganz erstaunliche Reise. Ich kann mir gar nicht vorstellen, wie mein Leben ohne die Unterstützung dieser liebevollen Wesen verlaufen wäre. Sie ermutigten mich und erinnerten mich immer wieder daran, dass ich zu so viel mehr fähig bin, als ich selbst wahrzunehmen wagte.

In den Tausenden von privaten und öffentlichen Sitzungen, die ich im Lauf der Jahre mit ihnen erlebte, haben sie alle aufgemuntert, die mit Fragen zu ihnen kamen. Ich war oft gespannt, wie sie wohl auf eine Frage antworten würden, die mir oberflächlich betrachtet eher düster vorkam. Ohne ihre Antworten je in Watte zu packen, fanden die »Ps« [engl. ausgesprochen: *Pi:s*], wie ich sie liebevoll nannte, immer einen Weg, ihre Sätze so zu formulieren, dass die jeweilige Person das Wachstumspotenzial ihrer Entscheidungen erkennen konnte, selbst wenn es um Dinge ging, die das Ego nicht so gerne loslassen will.

Zu den Vorzügen meiner Arbeit mit so vielen Menschen gehört es, die allgemeinen Trends zu erkennen, die uns alle betreffen. Für das Ego ist es zugegebenermaßen etwas leichter, sich zu entspannen und loszulassen, wenn man weiß, man ist nicht die Einzige, die sich gerade an solchen Themen abarbeitet, sondern es sind viele. Das macht es uns leichter, die Illusion der Trennung aufzugeben und durch das Bewusstsein der Verbindung Mut zu fassen.

Ich finde es erstaunlich, wie viele Menschen in den letzten 20 Jahren erwacht sind. Frühere Randphänomene sind heute zum

Mainstream geworden, und ich bin mir sicher, auch was heute vielen ein bisschen seltsam erscheinen mag, wird morgen ganz normal sein. Mit dem Übergang von 2012 scheinen wir viele Ängste vor Vernichtung und vor dem Unbekannten hinter uns gelassen zu haben und in eine Zeit unendlicher Möglichkeiten eingetreten zu sein. Ich fühle mich sehr geehrt, zu diesem Buch beitragen zu dürfen, denn ich vertraue sehr auf das große Potenzial in jedem von uns, faszinierende und wundervolle Dinge zu erschaffen. Es geht nur darum, uns daran zu erinnern und es als unsere Wirklichkeit anzunehmen.

Wendy Kennedy

Einleitung

des Kollektivs der Plejadier der neunten Dimension

Wir grüßen euch, meine Lieben. Wir sind das Kollektiv der Plejadier der neunten Dimension, und es ist uns eine Ehre und ein Vergnügen, die Gelegenheit zum Kontakt mit euch zu haben. Egal, wann ihr dies lest, jedes Mal, wenn ihr an uns denkt, stehen wir an eurer Seite. Aus unserer Sicht sind wir immer bei euch, denn es ist immer der nächste Moment des *Jetzt.* Hm …, wir lassen euch darüber mal einen Moment lang nachdenken. Vielleicht versteht ihr es besser, nachdem wir euch unser Verständnis von Zeit übermittelt haben.

Was wir euch hier darlegen, ist lediglich eine *Version* der Wahrheit. Es ist nicht die einzige Wahrheit, denn es gibt unzählige Versionen davon. Die Wahrheit ist immer von der Sichtweise des Erzählers und der Zuhörer gefärbt. Wir bieten euch hiermit jedoch eine Art Sprungbrett zu eurer umfassenderen Wahrheit an. Pickt euch einfach die Anteile heraus, mit denen ihr eine Resonanz verspürt. Wenn ihr dieses Buch mehrmals lest, könntet ihr überrascht sein, ganze Abschnitte zu finden, die ihr das letzte Mal übersehen oder nicht verstanden habt und die sich euch jetzt erschließen. Wenn sich eure Schwingung ändert, ändert sich auch eure Wahrnehmung.

Wir sind sehr gespannt, zu sehen, was ihr für euch erschafft, denn dies ist die Zeit des größten Potenzials auf Erden. Jedem von euch steht ungeheuer viel Unterstützung zur Verfügung, sowohl in eurer Welt als auch aus den anderen Welten. Nutzt sie! Bittet uns um Hilfe. Wisst, dass wir euch immer antworten, auch wenn ihr uns nicht hört. Geht aus eurem Kopf heraus und in euer Herz hinein, denn dort könnt ihr uns hören.

Stellare Geschichte, Weisheit und Potenzial

Zu Beginn möchten wir euch sagen, dass durch uns auch andere Wesen an diesen Durchsagen teilhaben und sich glücklich schätzen, ihre Sichtweisen und Weisheiten über ihre Sternensysteme weitergeben zu können.

Um die Informationen zu verarbeiten, die ihr hier lesen werdet, müsst ihr in eurem Herzzentrum sein, denn im Herzzentrum gibt es keine Verzerrungen oder vorgefassten Meinungen über eure wahre Geschichte. Wisst, dass die Geschichte, die euch vermittelt wurde, die euch »verkauft« wurde, nicht eure wahre Geschichte ist. Wie viele von euch bereits wissen, wurde für dieses große Experiment namens Planet Erde eure DNA verändert. Wir vom Kollektiv der Plejadier der neunten Dimension möchten euch gerne einen kurzen Überblick über die Hintergründe geben und wie es dazu kam, dass ihr jetzt hier seid. Wenn ihr eure Vergangenheit versteht, könnt ihr euch auf euer höchstes Potenzial zubewegen.

Doch zunächst wollen wir deutlich machen, dass wir in Bezug auf den Umgang mit euch eine andere Sichtweise haben als die Große Weiße Bruderschaft (mit der viele der Aufgestiegenen Meister verbunden sind). Das heißt nicht, deren Sichtweise sei falsch oder unsere richtig – sie sind nur unterschiedlich.

Die Große Weiße Bruderschaft und die Aufgestiegenen Meister möchten mit euch innerhalb des Rahmens der Dimensionen der Illusion arbeiten. Wir haben uns entschieden, euch etwas über eure galaktische Geschichte, die Illusion und das damit verbundene Spiel zu erzählen und wie ihr darüber hinauswachsen könnt. Wie wir meinen, seid ihr bereit für eine *neue* Geschichte, für eine weitere Version der Wahrheit. Die Große Weiße Bruderschaft meint, für manche von euch wäre es ein zu großer Schock, deshalb offenbaren sie die Informationen langsamer. Beide Herangehensweisen sind euch dienlich. Jeder geht in seinem eigenen Tempo voran. Manche werden sich mehr von dem angesprochen fühlen, was wir zu sagen haben, andere werden mehr zur Großen

Weißen Bruderschaft neigen, und manche von euch, die dies hier lesen, werden beide Sichtweisen nachvollziehen können. Verschiedene Ansichten helfen, den größeren Zusammenhang und weitere Aspekte der Erfahrung zu erkennen.

Nehmt das auf, was euch anspricht, und lasst den Rest beiseite – das gilt für alle Informationen, egal, wo sie herkommen, ob von Engelsführern, Aufgestiegenen Meistern oder von uns. Jedes Wesen, dem ihr begegnet, hat seine Absichten. Wir haben die Absicht, euch zu unterstützen, aber wir möchten auch von euch lernen. Wir wollen euch helfen, Licht und Informationen zu integrieren. Doch letztendlich seid ihr diejenigen, die am besten wissen, was gut für euch ist.

Die Informationen, die in diesem Buch mitgeteilt werden, entsprechen aus unserer Sicht am besten der Schwingung, in der ihr euch zurzeit befindet. Wenn wir Informationen übermitteln, achten wir immer auf das Schwingungsniveau der Mehrheit jener, die sie voraussichtlich lesen werden, denn uns liegt daran, euch die Version der Wahrheit zu geben, mit der ihr am besten euer höchstes Potenzial erreichen könnt. Letztlich gibt es unendlich viele Versionen der Wahrheit, und eure Schwingung entscheidet, welche Version ihr erlebt. Wir könnten auch sagen, ihr bewegt euch ständig von einem Jetzt-Moment zum nächsten, und diese Momente verbinden sich für euch zu der Erfahrung von verschiedenen »Zeitlinien«.

Ab und zu werden wir euch auffordern, tief durchzuatmen. Wir empfehlen euch diese kleinen Pausen, denn wie wir wissen, sind manche dieser Informationen nicht so leicht zu verarbeiten. Ihr reagiert auf schwierige Informationen oder auf solche, die im Widerspruch zu der Illusion eurer Realität stehen, unter anderem damit, aus euren Körpern herauszugehen – schwups, seid ihr draußen. Das Atmen hilft euch, euch wieder zu erden und zu verbinden, sodass ihr die Informationen integrieren könnt.

Vor langer Zeit sagten sich höherdimensionale Wesen: »Wäre es nicht spannend, uns auf die Dichte einzulassen, zu vergessen, wer wir sind, und dann zu versuchen, da wieder herauszufinden? Das wäre doch ein höchst interessantes Spiel!« Also habt ihr alle beschlossen, es zu spielen. *Ihr* hattet die Idee dazu, und ihr seid diejenigen, die das Spiel jetzt hier auf der Erde ausagieren.

Es gab bereits vorher zwei planetare Experimente in der Galaxie, die sich in demselben Spiel der Integration versuchten. Es gelang ihnen nicht, aber wir haben viel davon gelernt. Die Erde schien für ein neues Experiment geeignet und wurde daraufhin mit dem genetischen Material von Abertausenden von Welten versehen. Mit dem genetischen Material gingen auch alle emotionalen Codierungen und Erfahrungen dieser Planeten und Arten einher. Wir nennen die Erde *Planet der Emotionen,* denn die Bandbreite eurer Emotionen ist größer als auf allen anderen Planeten des Universums. Ihr kennt extreme Höhen und Tiefen – und alles dazwischen.

In anderen Bereichen der Galaxie ist die Bandbreite der emotionalen Erfahrungen schmaler, was mit dazu beigetragen hat, dass die beiden vorigen Experimente nicht so gut liefen. Mit weniger emotionaler Bandbreite lebt man fokussierter. Damit sind jedoch auch die Flexibilität, die Fähigkeit zu neuen Ideen und Inspirationen und die allgemeine Kreativität eingeschränkt. Eine fokussierte Existenz ermöglicht es, die Realität genau und detailliert zu erforschen, doch im Spiel der Integration von Polaritäten verspricht eine große Vielfalt an Emotionen und Potenzialkombinationen mehr Erfolg. Zu diesem Prozess der Integration gehört vor allem, Bewertungen loszulassen. Es geht um die Fähigkeit, Licht und Dunkelheit als Illusionen zu erkennen, denn beides ist Bestandteil der Ursprungsenergie. Es geht darum, eure Sichtweisen von Licht und Dunkelheit wieder zu einem ganzheitlichen, göttlichen Zustand zu vereinen.

Die Erde ist eine lebendige, sich stetig erweiternde Bibliothek, in der alle Erfahrungen des gesamten Bewusstseins aufgezeichnet sind. Diese Bibliothek steht euch zur Verfügung. Auch wenn es sich für euch vielleicht anders anfühlt, ist es jedoch tatsächlich viel, viel leichter für euch, diese Integration hier auf der Erde zu vollziehen, da ihr über einen so reichhaltigen Pool an genetischem Material und Erfahrungen verfügt. Wie gesagt, diese Erfahrungen stammen nicht nur von den Wesen und Lebensformen, die auf diesem Planeten gelebt haben, sondern auch von Tausenden von Arten, die mit ihrer DNA zu eurer Welt beigetragen haben.

Es gibt fünf Keimrassen, die ihr genetisches Material zu eurer Entstehung als moderne Menschen mit eingebracht haben. Wir sprechen von den Felinoiden, den Reptiloiden, den Humanoiden, den Avianoiden (Vogelwesen) und den höherdimensionalen Lichtwesen von Lyra. Durch ihr Material solltet ihr leichteren Zugang zu ihren Aufzeichnungen gewinnen und damit die bestmöglichen Chancen für die erfolgreiche Integration haben. Jede dieser fünf Rassen verfügt über unterschiedliche, umfangreiche Geschichten, aus denen ihr Wissen und Weisheit gewinnen könnt. Aus ihren Erfahrungen könnt ihr lernen, was dem Prozess der Integration jeweils hilfreich war und was ihn behindert hat.

Es ist für euch wichtig, das zu wissen, denn das ist die Grundlage eures Spiels. Indem ihr durch diesen Aufstiegsprozess geht und eure Schwingung erhöht, vollendet ihr auch einen 26.000-Jahres-Zyklus. Diese Gleichzeitigkeit ist kein Zufall. Mit der Vollendung des 26.000-Jahres-Zyklus integriert ihr alles, was ihr in dieser Ära gelernt habt. Ihr könnt euch solch einen Zyklus wie eine Rennstrecke mit einer Start- und Ziellinie vorstellen. Diese galaktische Start-/Ziellinie besteht aus einem Bereich äußerst hochfrequenter Energie. Wir nennen es auch den *Photonengürtel,* da er aus Photonen (Lichtteilchen) besteht. Diese sehr hoch schwingenden Lichtteilchen unterstützen euch darin, eure Schwingung zu erhöhen. Ihr dreht jedoch nicht immer auf derselben Laufbahn eure Runden, sondern windet euch mit jedem vollendeten Zyklus spiralförmig höher. Wenn ihr euch dem Ende eines Zyklus nähert, könnt ihr noch einmal alles integrieren, was ihr in dieser Runde gelernt habt. Ihr seid Ende der 1980er-Jahre in diesen hochfrequenten Bereich eingetreten und bewegt euch bis heute hindurch. Der größte Teil der Menschheit erlebt dies als eine zunehmende Beschleunigung, als ob das Leben immer hektischer wird, während euch eure Themen gleichzeitig immer intensiver gespiegelt werden, damit ihr erkennen könnt, wo es gilt, Bewertungen und Urteile loszulassen.

> Nehmt euch jetzt einen Augenblick Zeit ..., spürt nach, ob diese Informationen irgendwelche Themen wie Manipulation, Kontrolle oder Verlassenheit in euch berührt haben. Vielleicht ist auch ein gewisses Heimweh entstanden. Wenn dem so ist, atmet ein paarmal tief durch. Bezieht euch, wie gesagt, einfach nur auf das, was euch anspricht, und lasst den Rest beiseite. Wir berichten hier von unserer Version der Geschichte, weil ihr, wie wir gesehen haben, energetisch darum gebeten habt. Wir wünschen euch, dass ihr vorwärtskommt. Wir möchten euch darin unterstützen. Und denkt daran: Die Version der Geschichte mag sich ändern, je mehr ihr euch verändert und euer Bewusstsein erweitert.

Wir teilen euch nur einige Ausschnitte aus eurer wahren Geschichte mit, denn der Gesamtzusammenhang wird in jedem Einzelnen von euch erst aktiviert und offenbar werden, wenn ihr dafür bereit seid. Es kann verwirrend und schwierig für euch sein, mit diesen Informationen zu eurer Geschichte umzugehen, weil es so viele manipulierte Informationen gibt. Irgendwann wisst ihr nicht mehr, wem ihr vertrauen könnt. Wir geben euch einen Ansatzpunkt, von dem aus ihr nach innen zu den Akasha-Chroniken gehen und euch die verschiedenen Versionen der Geschichte und des genetischen Materials anschauen könnt. Ihr habt einfach vergessen, dass ihr einen Bibliotheksausweis besitzt. Nehmt euren Ausweis, geht in die Bibliothek und wendet euch an die Bibliothekare. Ja, es gibt dort Wesen, die darauf spezialisiert sind, euch zu unterstützen, wenn ihr nach bestimmten Informationen sucht. Sie werden euch helfen, die eurer Suche entsprechende Schwingung zu finden.

Ihr befindet euch nicht nur am Ende eines 26.000-Jahres-Zyklus. Wir befinden uns auch am Ende eines universellen Zyklus. Dieses Ende des universellen Zyklus hat nichts mit einer bestimmten Anzahl von Umläufen zu tun, sondern ist das Ergebnis der Verbreitung von Informationen und Fähigkeiten, die die Menschheit gewonnen und dem Universum vermittelt hat. Dieses neue Wissen und diese Weisheiten werden das universelle Spiel so stark beeinflussen, dass es nicht mehr in seinem derzeitigen Zustand aufrechterhalten werden kann und als vollendet gelten wird. All dies geschieht durch die holografische Natur des Universums.

Lasst uns das erklären. Als Individuen seid ihr Teil des Ganzen. Mit jeder Veränderung des Ganzen werden auch alle individuellen Anteile entsprechend »aktualisiert«. Und wenn sich an einem der Teile etwas ändert, spiegelt sich das auch in allen anderen Teilen wider. Indem ihr lernt, Vorbehalte und Urteile loszulassen, gebt ihr die Information darüber, »wie man das macht«, holografisch an alle anderen Aspekte eurer selbst und eurer Abstammungslinie sowie an alle anderen Wesen des Universums weiter. Damit verändert ihr das universelle Spiel, denn diese anderen Aspekte haben jetzt Zugang zu neuen Informationen, die erst verfügbar wurden, als ihr diese Erfahrungen gemacht habt. Diese Lebenszeiten können sich jetzt dafür entscheiden, dieses Wissen und diese Weisheit sozusagen herunterzuladen und laufen zu lassen, also es zu integrieren und auszuleben. Das ist eine äußert kraftvolle und spannende Dynamik und einer der Gründe, weshalb dies »das Große Experiment« genannt wird. Nie zuvor ist ein Planet mit bewussten Wesen mit einer derart großen emotionalen Bandbreite durch den Aufstiegsprozess gegangen. Deshalb steht euch aus dem Kosmos und aus dem Engelreich so viel Unterstützung zur Verfügung. Uns allen ist bewusst, wie einzigartig und transformierend diese Erfahrung sein wird.

Wir möchten erwähnen, dass es andere Zeitlinien gibt, auf denen dieses Projekt oder diese Erfahrung nicht erfolgreich ist. Aber euch, der Version, mit der wir dieses Gespräch haben, euch gelingt es, und ihr durchlauft den Aufstiegsprozess. Es gibt unendlich viele Möglichkeiten und Arten, Erfahrungen zu machen. Hier unten, wo ihr linear denkt, meint ihr, es gebe nur eine Art der Wirklichkeit. Doch tatsächlich existieren parallel zu euch viele verschiedene Versionen, zwischen denen ihr – abhängig davon, wie ihr eure Schwingung ausrichtet – ständig hin und her wechselt. Da ihr die Wirklichkeit jedoch durch euer Denken verarbeitet, meint ihr, nur auf einer Zeitlinie zu sein. Ihr habt es immer noch nicht mitgekriegt, dass ihr übergewechselt seid.

Ab und zu erlebt ihr ein Déjà-vu. Das sind Hinweise darauf, dass ihr die Zeitlinien gewechselt habt. Dieser Wechsel der Wahrnehmung, Überzeugungen und Frequenzen ist gewöhnlich so unauffällig, dass sich eure Version der Wirklichkeit nicht dramatisch verändert.

Auch wenn ihr die verschiedenen Zeitlinien nicht bemerkt, ist sich euer Höheres Selbst ihrer bewusst. Es kann die verschiedenen Versionen der Wirklichkeit ständig wahrnehmen und an ihnen teilhaben. Doch das Ego, jener Teil von euch, der diese begrenzte Existenz erlebt, kann das nicht erkennen. So ist das Spiel aufgebaut. Sich von dem Ganzen getrennt zu fühlen ist Teil der Schönheit der dritten Dimension. Es ist gleichermaßen einzigartig und herausfordernd und der Grund, weshalb ihr hergekommen seid.

Ihr braucht euch bei diesem Aufstiegsprozess nicht so zu beeilen, auf die andere Seite zu kommen. Multidimensionale Erfahrungen kennt ihr bereits! Was ihr noch nicht kennt und was wir alle von euch lernen, ist, wie man durch diesen Prozess des Loslassens von Urteilen geht und dabei Mitgefühl für sich selbst und andere meistert. Ihr steckt da noch mitten drin. All das, womit euch unwohl ist und was euch deprimiert, all die Erfahrungen, in denen ihr euch überwältigt und überfordert fühlt: Das ist es, weshalb ihr hergekommen seid. Das lernt ihr zu bewältigen. Letztlich werdet ihr anderen in eurer Galaxie etwas über Mitgefühl und den Integrationsprozess beibringen können. Wenn ihr all die Augenblicke, in denen ihr diese niederen Frequenzen erlebt, wertschätzen könnt, wird es euch helfen, sie zum einen als hilfreich zu erkennen und zum anderen über sie hinauszuwachsen.

Jeder von euch verlässt des Nachts seinen Körper, um uns, den Wesen der höheren Ebenen, zu berichten. Ihr seid alle äußerst beschäftigt. Ihr wandert von einer Ratsversammlung zur nächsten, habt ein Treffen nach dem anderen. Wie gesagt, alle Wesen der höheren Ebenen gehören zu einem Kollektiv. Wir verstehen oft nicht euer Empfinden der Trennung, eure Entscheidungen und warum ihr Angst statt Liebe wählt. Darum geht es zum größten Teil in euren nächtlichen Berichten. Ihr informiert uns über die gegenwärtigen Ereignisse, denn diese genaue Schwingungserfahrung ist nur denen möglich, die in der dritten Dimension in einem physischen Körper geboren sind.

Wir zum Beispiel sind Lichtwesen aus der neunten Dimension. Als solche können wir die Wirklichkeit nur durch den dimensionalen Filter der neunten Dimension wahrnehmen, außer wenn wir channeln. Das ist die einzige Ausnahme. Während wir mit dem Medium arbeiten, in diesem Fall Wendy, erhalten wir einen kleinen Einblick, weil sich unsere Energie mit ihrer verbindet. Doch die meisten Wesen der höheren Dimensionen beobachten nur. Manchmal wundern sie sich über eure Motivationen und verstehen eure Emotionen in manchen Situationen nicht. Es ist so eine große Bandbreite von Emotionen. An manchen Orten gibt es nur fünf verschiedene Emotionen, andere haben vielleicht ein Dutzend. Könnt ihr euch das vorstellen: nur fünf verschiedene Emotionen? Die Wesen von Kassiopeia zum Beispiel fokussieren sich gerne auf Mitgefühl und Liebe. Wenn sich solch ein Wesen entscheidet, hier auf der Erde zu inkarnieren, muss es sich ganz schön umstellen, um auch das polare Gegenstück zur Liebe zu spüren. Darüber später mehr.

Wie euch inzwischen wohl allen bewusst ist, hat jeder von euch viele dunkle Leben hinter sich. Wir schmunzeln oft, wenn ihr sagt, ihr wollt nichts von dunklen Leben wissen. Diese Leben sind oft die interessantesten, weil sie sich so sehr von den Erfahrungen unterscheiden, die ihr auf den höheren Ebenen habt. Und ihr habt sie alle schon erlebt!

Bitte atmet einmal tief durch …

Euer Verlangen nach Erkenntnis ist eigentlich ein tiefes Verlangen nach einer Verbindung mit der Ursprungsenergie. Das ist letztlich, was ihr tut, wenn ihr den Aufstiegsprozess durchlauft. Ihr sprecht oft davon, nach Hause zurückzukehren. Doch dieses Mal geht es nicht darum, nach Hause zu gehen, sondern das Zuhause hierherzuholen. Wir verstehen, dass diese Sehnsucht manchmal überwältigend ist und ihr euch verzweifelt und getrennt fühlt, doch nochmals: Es geht nicht darum, den Planeten zu verlassen. Es geht darum, diese Weite der Bewusstheit in euren Körper zu holen. Euer Höheres Selbst ist sich jeder eurer Inkarnationen bewusst. Es weiß, dass ihr multidimensionale Wesen seid, die hier auf diesem Planeten eine begrenzte Erfahrung machen. Indem ihr diese erweiterte Version eurer selbst in euer Gefährt, euren Körper, bringt, wird es das Spiel und euer Verhalten darin verändern.

Viele von euch haben sich bestimmte Markierungen einprogrammiert, um zu ganz konkreten Zeitpunkten aufzuwachen und euch zu erinnern. Diese Markierungen sagen euch: »Es ist Zeit. Wach auf!« Das ist, was ihr zurzeit erlebt.

Das Jahr 2012 war solch ein Merkpunkt. Es ging immer um Chancen für enormes Wachstum und Ausdehnung. Doch da ihr diese Realität durch die Brille der linearen Zeit betrachtet, arbeitet ihr mit bestimmten Daten, um Potenziale zu markieren und euch zu motivieren. Wenn ihr nicht so denken würdet, würde sich nichts weiterentwickeln. Ihr würdet denken: »Ach, ich habe ja noch einen Monat, noch ein Jahr.« Dieses Datum des 21. Dezember 2012 hat euch alle aktiviert, weil es als wichtiger Merkpunkt in eure Gene einprogrammiert war, um euch Zugang zu höherer Weisheit zu ermöglichen.

Der Aufbau eurer Dimension und das Durchbrechen der mentalen Barriere

Bei diesem Thema geht es um eine Reihe von Dingen. Zunächst möchten wir euch ein besseres Verständnis der dimensionalen Struktur vermitteln. Um die dreidimensionale Struktur endgültig hinter euch zu lassen, müsst ihr begreifen, wie sie aufgebaut ist. Wenn ihr die Sichtweise der Dreidimensionalität loslasst, könnt ihr euch auf die multidimensionale Perspektive konzentrieren.

Ihr, die ihr dies lest, wisst inzwischen alle, dass die dreidimensionale Sichtweise erzeugt wurde, um euch die Illusion der Getrenntheit und damit bestimmte Schwingungserfahrungen zu verschaffen und euch bestimmte, auf der Wahrnehmung der Getrenntheit beruhende Erfahrungen zu ermöglichen. Natürlich ist es für euch unmöglich, getrennt zu sein, denn ihr seid immer mit allen und allem verbunden.

3-D-Wahrnehmung –
Ein einziger Fokus

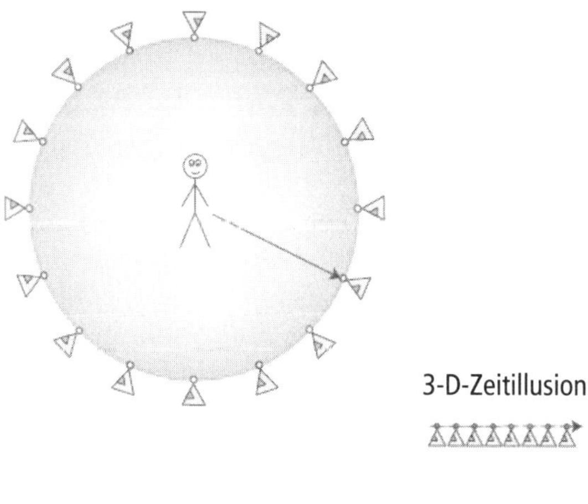

In diesem Prozess des Abstiegs in die dreidimensionale Wirklichkeit musstet ihr die Illusion der Zeit erzeugen, weil sie sicherstellt, dass eure Gedanken, Emotionen und Gefühle nicht unmittelbar projiziert werden, sondern ihr noch Änderungen vornehmen könnt. Unterschiedliche Frequenzen bewegen sich unterschiedlich schnell durch die Zeit. Niedrigere Gedanken bewegen sich langsamer. Die Zeit gibt euch Raum zwischen dem, was ihr aussendet, und dem, was euch zurückgespiegelt wird oder was ihr erfahrt. Zeit ist eine sehr wichtige Komponente der dreidimensionalen Realität, aber sie ist eine Illusion. Eure Sichtweise dieser Illusion gibt es in keiner anderen Dimension. In anderen Dimensionen gilt Zeit einfach als Markierungspunkt für ein Ereignis.

Diese Vorstellung der Zeit gehört zum Wichtigsten, was ihr aus eurem mentalen Zyklus zu entfernen habt. Ihr erlebt seit vielen Jahren eine große Veränderung in eurer Zeiterfahrung. Ihr spürt deutlich, wie sich alles zusammenballt. Euch ist jedoch vielleicht nicht bewusst, wie sehr diese gesteigerte Intensität, die ihr alle erlebt, durch die Zeit entsteht. Wie gesagt, Frequenzen bewegen sich nicht alle gleich schnell. Je höher eure Frequenz ist, desto mehr scheint die Zeit zusammenzurücken.

Vor zehn Jahren konntet ihr eure Dramen über längere Zeiträume hinweg ausagieren; heute geht das viel schneller. Was ihr in einem Jahr bewältigt habt, dauert jetzt noch etwa vier Tage. Es fühlt sich alles intensiver an, weil ihr eure Frequenz erhöht. Wenn ihr euch aus 3-D in 5-D hineinbegebt, wird es sich anfühlen, als ob die Zeit zusammenbricht. Wenn ihr die mentale Barriere durchbrecht, könnt ihr euren Fokus auf eine multidimensionale Perspektive ausrichten. Ihr werdet die Dinge nicht mehr zeitlich linear wahrnehmen, sondern könnt euch gleichzeitig auf viele Realitäten fokussieren.

Wir haben jetzt die 3-D- und die 5-D-Erfahrung erwähnt, aber tatsächlich schwingt ihr im Moment in 4-D. Im Gegensatz zu 3-D und 5-D, wo es feste Strukturen und klare Spielregeln gibt, ist die vierte Dimension sehr formbar. Weil 3-D und 5-D so unterschiedlich aufgebaut sind, brauchtet ihr eine ganze Dimension, um den Übergang hinzubekommen. Ihr brauchtet eine Matrix, in der ihr die Regeln anpassen könnt, um euch bewusst auf diese neuen Wahrnehmungen ein- und umzustellen. Denkt daran, ihr spielt ein Spiel des Abstiegs und des Wiederaufstiegs, und diese 4-D-Spielwiese war für beides nötig.

4-D- bis 12-D-Wahrnehmung –
Multiple Fokusse

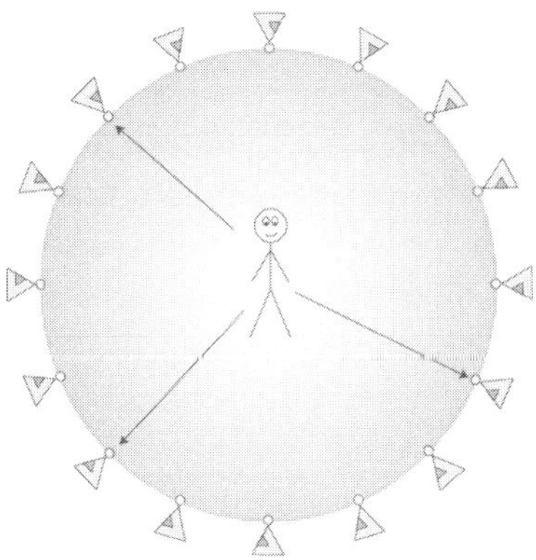

Viele von euch meinen, ihr würdet unten inkarnieren und müsstet euch dann nach oben durcharbeiten. Dem ist nicht so. Ihr *seid* Ursprungsenergie. Ihr beginnt oben, brecht euch dann herunter, »spielt« in verschiedenen Bereichen, verbindet euch wieder mit der Ursprungsenergie, haltet Rückblick und projiziert euch in ein neues Spiel.

Die meisten von euch erkennen nicht, dass ihr in der vierten Dimension seid, und ihr wendet die 3-D-Regeln auf die 4-D-Matrix an. Aber ihr könnt auch mit den Programmierungen der fünften Dimension arbeiten. Wir wünschen euch mehr von den Programmierungen der fünften Dimension. Viele von euch wandern zwischen diesen beiden Welten, manche mehr als andere. Die Theorie habt ihr zweifellos begriffen, aber in der praktischen Anwendung hapert es noch ziemlich. Im Moment seid ihr in dem Prozess, neue Muster zu erschaffen, neue neuronale Netzwerke, neue Gewohnheiten, und ihr lasst die Programme hinter euch, die Begrenzungen erzeugen. Ihr erzeugt euer neues Potenzial.

Ihr müsst euch daran erinnern, dass ihr euer Höheres Selbst *seid*. Ihr braucht das nicht zu werden oder euch damit zu verbinden. Um den Bereich der dritten Dimension zu erfahren, hat sich euer Höheres Selbst inkarniert und in eine Form projiziert und dann mit Illusionen der Trennung überlagert, um ein Ego, eine Persönlichkeit zu bilden. Ihr habt Filter erzeugt, um die Realität entsprechend zu färben. Alle Emotionen, Gefühle und Gedanken, die besagen, ihr seid getrennt, minderwertig, nicht verbunden und nicht liebenswert, gehören einfach zu eurer Erkundung der Dualität dazu. Es ist wirklich wichtig, das so zu sehen – eine Erkundung, zu der ihr euch entschlossen habt. Manche von euch regen sich sehr auf, weil sie sich nicht verbinden können, aber Tatsache ist, dass ihr die Dualität erforscht und praktiziert und *niemals* vom Selbst bzw. der Quelle getrennt seid.

Es ist ganz einfach, eure Wahrnehmung von der Getrenntheit zur Verbundenheit zu verschieben, wenn ihr das wollt. Ihr könnt im Lauf des Tages innehalten und euch fragen: »Wo schwinge ich gerade auf mentaler, emotionaler und körperlicher Ebene?« Indem ihr euch das bewusst macht und es korrigiert, könnt ihr diese neuen Gewohnheiten, diese neuen Gedankenformen erschaffen, denn die niedrigeren finden zumeist auf der unbewussten Ebene statt. Es geht darum, alle Frequenzen, die ihr in euch laufen lasst, auf die bewusste Ebene zu holen. Das ist nicht leicht für euch, aber die Technik ist eigentlich ganz einfach.

Wir werden euch ein paar einfache Übungen geben, aber ihr werdet merken, dass der Verstand das nicht mag. Er wird euch sagen: »Oh, es ist viel komplizierter!« Doch es ist wirklich ganz einfach. Das Schwierigste für euch ist, es mental oder emotional loszulassen. Ihr braucht also Geduld.

Übung (7 bis 10 Tage)

Stellt euch im Lauf des Tages einen Wecker, der euch stündlich daran erinnert, zu prüfen, wo ihr emotional, mental und körperlich gerade schwingt. Das wird euch helfen, bewusstere Entscheidungen zu treffen. Ihr könnt euch zum Beispiel fragen: »Gefällt mir, wo ich gerade schwinge? Möchte ich diese Frequenzen aussenden?« Denn wenn ihr diese Frequenzen immer weiter aussendet, werden sie euch auch weiterhin in eurer Realität widergespiegelt. Wenn ihr anfangt, eure Schwingung bewusst zu beobachten, werdet ihr wahrscheinlich merken, wie sich eure Fähigkeit, eure Klarheit zu manifestieren und Frequenzen zu interpretieren, enorm verändern wird.

Angenommen, ihr möchtet einen neuen Job. Emotional seid ihr vielleicht ganz im Einklang damit, aber mental sagt ihr euch: »Hm, vielleicht bin ich nicht ausreichend qualifiziert …«, oder es gehen euch ähnliche Gedanken durch den Sinn, die nicht im Einklang mit eurer Absicht sind. Wenn ihr euch ab und zu überprüft, könnt ihr diese unstimmigen Gedanken bemerken. Dann könnt ihr euch fragen: »Warum lasse ich diese Ängste oder diese Überzeugungen nicht los? Wozu dient es mir, an ihnen festzuhalten?« Das gibt euch Gelegenheit, die Muster zu erkennen, die ihr vielleicht bislang nicht bemerkt habt. Dann werdet ihr die Muster sehen, die ihr mit euren Kollegen, Verwandten oder Geschäftspartnern habt. Sie kommen vielleicht in der einen Beziehung stärker zum Ausdruck als in einer anderen, aber in der Regel taucht das Muster dann auch in anderen Beziehungen in einer schwächeren Form auf. Kurzum, ihr müsst erkennen, wie euch diese Muster dienlich sind, wie sie die Illusion der Trennung aufrechterhalten. Ihr müsst eure Urteile bezüglich der Idee von Trennung loslassen, um zu einer höheren Perspektive von Verbindung zu gelangen.

Wenn ihr daran denkt, etwas zu erschaffen, haben die meisten von euch das Bild von Energie, die ausgesendet wird und dann zu euch zurückfließt. Ihr seht das, was erschaffen werden soll, außerhalb von euch, und das Element der Zeit spielt eine Rolle. Wir möchten euch ermutigen, mehr mit der Vorstellung der Schöpfungskraft der fünften Dimension zu arbeiten, bei der es einfach darum geht, Frequenzen in Einklang zu bringen. Ihr seid bereits das, was ihr werden wollt. Ihr braucht nur diese Filter, diese falschen Wahrnehmungen zu entfernen, diese Urteile, die ihr über euch habt, und die Geschichten, die ihr euch erzählt.

Wir sehen, wie viele von euch sich energetisch unter Druck setzen, auf die andere Seite zu kommen, auf die 5-D-Ebene, und es ist unbedingt notwendig, mit diesem Druck aufzuhören. Dahinter steckt fast immer Angst. Ihr urteilt darüber, wo ihr seid, über eure gegenwärtige Wirklichkeit. Und wir haben es ja schon oft gesagt: Ihr müsst akzeptieren, wo ihr seid, um zu ändern, wo ihr seid. Das Verlangen, der derzeitigen Situation zu entkommen, wird immer nur mehr von derselben Frequenz hervorbringen.

Sobald ihr an die Zukunft oder die Vergangenheit denkt, verliert ihr Energie. Ihr könnt dann nicht mit voller Kraft vorwärtsgehen, sondern steckt Energie in einen anderen Jetzt-Moment, in dem eure Seelenenergie nicht fokussiert ist. Das ist ein Hinweis darauf, dass ihr euch in einer Opfer/Täter-Denkweise befindet. Euer Verlangen, euch diesen anderen Zeitlinien zuzuwenden, verhindert euer Engagement in der Gegenwart. Etwas treibt euch, aus einem Zustand der Angst heraus in die Vergangenheit oder Zukunft zu gehen. Was ist das? Es kann mit Sicherheit zu tun haben oder mit Trennung, mit Besorgnis oder Verlassenheit. Auf jeden Fall steckt dahinter letztlich Angst.

Wir hören manche von euch sagen: »Aber muss ich nicht meine Zukunft planen?« Wir sprechen hier von den Gedanken, die euch im Lauf des Tages so nebenher durch den Sinn gehen. Wenn ihr wirklich andere Zeitlinien erkunden wollt, empfehlen wir euch, das mit einer ganz klaren Absicht zu tun.

In jedem Jetzt-Moment gibt es unglaublich viel Energien und Frequenzen zu erkunden. Es gibt in jedem Jetzt-Moment so viele Informationen, nach denen die Seele hungert und auf die sie neugierig ist, dass ihr niemals gelangweilt sein werdet. Wenn ihr euch langweilt, seid ihr nicht im Jetzt. Im Jetzt präsent zu sein bedeutet, bei jedem Atemzug bewusst zu sein. Ihr habt jetzt die Gelegenheit zu lernen, euch über eure Schwingungen in eurem Energiefeld ganz klar zu werden. Das verändert eure Realität. Wollt ihr eure Wirklichkeit verändern, dann müsst ihr euer Energiefeld verändern.

Abschließend möchten wir noch sagen: Seid ihr im Herzen zentriert und ganz im Einklang, dann steht ihr sozusagen inmitten eines Datenstroms von ungefähr 1,80 Meter Durchmesser. Dieser Datenstrom ist eure Verbindung zu eurem höheren Bewusstsein, zur Quelle, zu euren Geistführern, zu euren himmlischen Freunden und zur Akasha-Chronik. Aber wenn ihr nicht im Einklang seid und vor allem, wenn ihr starke Angst verspürt, schrumpft dieser Datenstrom bis auf wenige Zentimeter zusammen. So dauert es natürlich viel länger, höhere Informationen zu empfangen, und eure Verbindung zu der unendlichen, regenerativen Kraft des Ursprungs ist eingeschränkt. Dann seid ihr nicht nur darin beschränkt, neue Energie aufzunehmen, sondern müsst auch mehr Energie aufwenden, denn es erfordert sehr viel mehr Energie, verschlossen oder im Widerstand zu sein, als mit dem göttlichen Fluss zu gehen.

Die absolute Wahrheit

Wir möchten jetzt gerne etwas zur Idee der absoluten *Wahrheit* sagen. Ihr findet diese Zeiten unter anderem deshalb schwierig, weil ihr in eurer Geschichte und in eurem Leben allgemein nach absoluter Wahrheit sucht. Ihr wollt die Dinge genau definiert und sortiert haben. Wir sind hier, um euch mitzuteilen, dass es nicht so laufen wird, wie es sich die meisten von euch wünschen. Warum? Einfach weil die Wahrheit immer von der Sichtweise gefärbt ist.

Jeder hat seine eigene Perspektive vom Geschehen, die nicht nur von den Filtern des Individuums verursacht wird, sondern auch auf der Struktur der jeweiligen Dimension beruht. Aus unserer Sicht der neunten Dimension sehen wir das, was ihr durchmacht, völlig anders als ihr. Es hat damit zu tun, wo unser Bewusstsein verankert ist.

Wir sagen euch, es gibt keinen Ort in eurem Universum, wo absolute Wahrheit erfahren werden kann, außer auf der Ursprungsebene. Dort sind alle Informationen von jeder Erfahrung, die je war und je sein wird, in ihrer Urform erfahrbar.

Atmet einmal tief durch ...

Sobald ihr aus der Urquelle herausbrecht, fangt ihr an, alles durch individuelle und kollektive Filter zu sehen und durch die Struktur der Dimension, in die ihr euer Bewusstsein projiziert.

Ihr müsst in diesem Zusammenhang auch verstehen, wie der Verstand funktioniert: Er mag es ordentlich. Er ist für eine begrenzte Wahrnehmung eingerichtet, damit ihr nur *eine* Version der Wirklichkeit seht, obwohl viele Wirklichkeiten gleichzeitig existieren.

Dies gehört, wie gesagt, zur Struktur dieser Dimension, damit ihr in den Jetzt-Moment eintauchen könnt. Eure Wahrnehmung und eure Entscheidung, sich mit einem bestimmten Jetzt-Moment in Einklang zu bringen, werden davon bestimmt, eben *nicht* wie in allen anderen Dimensionen eure Optionen absehen zu können. Die Wirklichkeit aus dieser Sicht wahrzunehmen, ist eine besondere Qualität der dritten Dimension, und ob ihr es glaubt oder nicht, eine äußerst spannende Erfahrung.

Die Zeit ist nicht linear, sondern ein Konstrukt dieser Dimension. Ihr erlebt einen Jetzt-Moment nach dem anderen und zieht sie zusammen, um die Illusion der linearen Zeit zu erzeugen. Tatsächlich bewegt ihr euch jedoch ständig zwischen dem hin und her, was ihr *multiple Zeitlinien* nennt. Jeder Jetzt-Moment beruht auf einer abgestimmten Reihe von Umständen, die ihr kollektiv und individuell für eure »Vergangenheit« haltet. Ihr bewegt euch von Augenblick zu Augenblick, indem ihr eure Frequenz verändert. Dies geschieht durch den kollektiven oder individuellen Wechsel eurer »Perspektive« eurer Vergangenheit oder durch eine neue Absicht. Beides verändert eure Frequenz und verbindet euch mit unterschiedlichen Jetzt-Momenten. Daher gibt es verschiedene Berichte über eure Geschichte und verschiedene Prophezeiungen über die Zukunft. Wenn ihr eure Schwingung und eure Wahrnehmung der Realität ändert, ist das, was ihr gestern noch für eure »Wahrheit« gehalten habt, schon morgen unter Umständen nicht mehr eure »Wahrheit«.

Um euch zu helfen, möchten wir euch raten, euch aus dem Betriebssystem des Verstands in das Betriebssystem des Herzens zu begeben. Von dort aus habt ihr gleichzeitig Zugang zu vielen Versionen der Wirklichkeit und könnt somit vielfältige »Zeitlinien« und »Wahrheiten« erkennen. Das Herz lässt sich nicht wie der Verstand von Absolutismen vereinnahmen. Von dort aus könnt ihr mit eurer derzeitigen Version der »Wahrheit« Frieden schließen.

Die galaktische Gemeinschaft

Im Verlauf dieses Übergangsprozesses werdet ihr wieder mit eurer galaktischen Gemeinschaft in Kontakt treten. Mit dem Aufstieg verändert euer Energiefeld seine Frequenz und erscheint dann in einer goldenen Farbe. Ihr werdet im ganzen Universum als *Die Goldenen* bekannt sein. Wir amüsieren uns immer wieder darüber, wie manche von euch hier auf Erden sagen: »Ich bin von Sirius oder Arcturus oder den Plejaden«, oder dergleichen. Niemand will von der Erde sein. Doch wenn ihr in den Austausch mit der galaktischen Gemeinschaft tretet, werdet ihr stolz sein zu sagen: »Ich bin ein Goldener / eine Goldene, ich komme von der Erde. Ich bin Experte für Integration und Aufstieg.«

Bis dahin vermitteln wir euch diese Informationen, um es euch zu erleichtern, euch an andere Systeme zu erinnern. Viele von euch werden sich zu einem bestimmten System hingezogen fühlen, ohne recht zu wissen warum. Wenn ihr in die fünfte Dimension eintretet, werden euch all diese Informationen zur Verfügung stehen. Was wir euch hier sagen, ist nur eine *Version* der Wahrheit. Es ist nicht die einzige Wahrheit und, offen gesagt, eine ziemlich vereinfachte, verwässerte Sichtweise. Wie gesagt, es gibt in den höheren Dimensionen eigentlich keine Zeit und keine Zeitlinien. Doch wir kommunizieren mit jenem Teil von euch, der hier in einer 3-D-Existenz lebt und der nach Antworten sucht, die zur Struktur der linearen Zeit passen.

Vor eurer Inkarnation habt ihr alle zwei Lebensblaupausen für euch erstellt, eine für die Zeit vor dem Wandel und eine für danach. Die erste enthielt alle Wege und Verträge für euer Leben aus der 3-D-Perspektive. Nach dem 21. Dezember 2012 habt ihr die Blaupause für die Realität nach dem Wandel aktiviert. In dieser sind alle eure Wege und Verträge aus Sicht der fünften Dimension enthalten. Da sich das Spiel etwas verändert hat, mussten sich auch die Spielstrategien den vielen neuen Ebenen der Möglichkeiten, des Bewusstseins und der Sichtweisen anpassen. Kurz gesagt ist eure Blaupause jetzt viel komplexer. Bitte beachtet: Wir haben komplexer gesagt, nicht schwieriger! Ihr könnt es euch wie ein Videospiel vorstellen. Ihr habt Level 1 geschafft und beginnt jetzt auf Level 2. Es fordert euch mehr, ist aber auch aufregender und lohnender.

Mit dieser zweiten Blaupause werden einige von euch anfangen, direkter mit der galaktischen Gemeinschaft zu arbeiten. Ihr habt vor eurer Inkarnation Verträge dahingehend geschlossen, mit anderen Wesen in Austausch zu treten. Wir möchten jedoch etwas über diese Verträge sagen. Sie sind nicht so, wie ihr hier auf diesem Planeten Verträge seht. Es sind einfach Vereinbarungen, Abmachungen, sie sind nicht so festgelegt. Wenn ihr die Vertragsbedingungen nicht einhalten wollt oder könnt, können sie umgeschrieben werden.

Die Vorstellung, Wesen aus anderen Dimensionen etwas beizubringen, mag euch befremdlich erscheinen, aber seid versichert, wir lernen sehr viel von euch. Ihr seid immer noch dabei, Mitgefühl zu meistern, aber schon bald werdet ihr auf der anderen Seite sein und würdigen können, wie weit ihr es gebracht habt. Mitgefühl ist die Gabe, die ihr zum Universum beizutragen habt.

Atmet tief durch …

Die Erde ist ein großes Experiment mit genetischem Material von Tausenden von Welten. Mit diesem genetischen Material sind auch die emotionalen Erfahrungen all dieser Arten verbunden. Das gibt euch so eine große emotionale Bandbreite, aus der ihr die Wirklichkeit wahrnehmt. Die Hoffnung war, dass diese große Bandbreite zu neuen, einzigartigen Möglichkeiten der Integration der Polarität führen würde, die euren galaktischen Geschwistern und anderen Aspekten eurer selbst schwerfiel. Ihr habt hier auf der Erde Verträge und Blaupausen erschaffen, mit denen ihr gewisse galaktische Probleme in kleinerem Maßstab durchspielen könnt, um Urteile aufzulösen. Aus unserer Sicht hat jeder von euch mindestens zwei Systeme, mit denen ihr in Resonanz steht und deren Frequenzen in euer Spiel der Polaritätsintegration einfließen. Lasst uns beginnen.

Das erste System, das wir euch vorstellen möchten, ist Sirius. Es besteht aus drei Hauptsternen: Sirius A, Sirius B und Sirius C. Es ist ein sehr vielfältiges System, weshalb es dort viele Konflikte und turbulente Erfahrungen gab. Aus eurem gegenwärtigen Jetzt-Moment betrachtet gibt es Sirius C nicht mehr. Zwei Planeten jenes Systems lagen im Krieg miteinander. Durch den Einsatz skalarer Technologie und durch Fehlkalkulationen hat der eine Planet statt seines Feindes das ganze Sternensystem vernichtet. Das war eine harte Lektion. Sollten sich einige von euch besonders berührt fühlen, wenn von skalarer Technologie die Rede ist, hat das wahrscheinlich mit Erinnerungen an dieses Ereignis zu tun.

Wie bereits erwähnt, sind die Sirianer eine vielfältige Gruppe. Der Fokus ihrer Inkarnationen liegt auf Kooperation, Konkurrenz, Diversität, Forschung und Technologie. Sie sind karmisch mit dem System von Orion verbunden, obwohl es sehr unterschiedliche Lebensformen sind. Beide befassen sich jedoch mit den Themen Zusammenarbeit, Konkurrenz und Mitgefühl. Beide sind Forscher, aber mit unterschiedlichen Ansätzen. Die Wesen von Orion sind vor allem von genetischem Material und der Hybridisierung der Arten fasziniert. Sie arbeiten in allen Bereichen der DNA-Forschung. Die Sirianer hingegen forschen um der Ausdehnung, der Macht und der Eroberung willen. Die Energien dieser beiden Sternensysteme sind auf der Erde an Orten wie Ägypten zu finden.

Es gibt im Moment viele Wissenschaftler auf diesem Planeten, die mit Pflanzen und Tieren arbeiten, um sie zu klonen und neu zu kreuzen. Viele dieser Menschen haben eine Zeit lang im Orion-System und in Atlantis gelebt. Denn in Atlantis hattet ihr das letzte Mal dieses Verständnis des Erbguts und seiner Manipulation. Dieses Wissen geriet nach dem Sturz von Atlantis in Vergessenheit, doch es wurde in den kristallinen Strukturen der Erde bewahrt. Ihr beginnt gerade, diese Informationen wiederzuentdecken und die Lektionen über die Manipulation von DNA zu reaktivieren und zu integrieren.

Die meisten der Wesen von Orion, mit denen ihr zu tun habt, kommen aus der fünften und sechsten Dimension und in gewissen Welten auch aus der siebten.

Das Sternensystem von Arcturus

Man kann die Wesen von Arcturus als die Botschafter des Universums bezeichnen. Neben den Menschen der Erde haben sie wahrscheinlich am meisten von allen Wesen des Universums mit Integration gearbeitet. Sie haben das, was ihr *Karma* nennt, weitgehend integriert. Sie dienen in Konflikten oft als Vermittler. Weil sie sich entscheiden, neutral zu bleiben, sehen sie alle Wege, die für das Zustandekommen eines Geschehens dienlich sind, und können auch mit denjenigen kommunizieren, die sich ansonsten von niedrigeren Überlegungen oder Urteilen leiten ließen. Ihre Neutralität hilft anderen, eine höhere Perspektive zu entwickeln. Wie ihr euch vorstellen könnt, haben sie viel mit den Wesen von Sirius und Orion zusammengearbeitet.

Die meisten Wesen von Arcturus, mit denen ihr zu tun habt, befinden sich in der fünften bis neunten Dimension. Sie kennen sich sehr gut mit der universellen Sprache des Lichts, heiliger Geometrie und der Schwingung von Materie aus. Die von diesen Wesen übertragene Energie steckt voller Codierungen vieler verschiedener Informationsschichten. Jedes Mal, wenn ihr meint, sie ganz zu verstehen, gibt es noch eine weitere Schicht, die ihr erforschen und mit deren Hilfe ihr wachsen könnt. Meistens geschieht das durch ihre Kommunikation in der Sprache des Lichts.

Zur Sprache des Lichts gehören Farbe, Klang, heilige Geometrie, Gedanken und Emotionen und auch die höhere Schwingungsversion von dem, was ihr *Emotionen* nennt. Der 3-D-Verstand ist auf die Illusion der Trennung und der linearen Realität ausgerichtet. Deshalb zerteilt er diese Sprache des Lichts. Sie enthält für das 3-D-Modell der Wirklichkeit zu viele Daten, deshalb blendet der Verstand diese »überschüssigen« Informationen einfach aus. Doch wenn ihr euch ins Herzzentrum begebt, in euer multidimensionales Betriebssystem, versteht ihr die Sprache des Lichts auf allen

Ebenen. Ihr werdet hellwissend, oder ihr seht heilige geometrische Muster, Farben oder Klänge. Die Arcturianer haben viele eurer Kornkreise erzeugt, denn auch sie sind ein Ausdruck der Sprache des Lichts.

Das Sternensystem von Lyra

Die Mehrheit der Wesen von Lyra, mit denen ihr zu tun habt, lebt in der siebten Dimension. Sie waren unter den ersten Bewohnern der Erde und schufen die Grundlagen für die Zivilisation von Lemurien, deren Energie ihr heute noch auf Hawaii, auf Neuseeland und in Australien findet. Die Wesen von Lyra ließen ihre Energie in die Dichte fließen und begannen damit den Prozess des Abstiegs und des Wiederaufstiegs, den ihr zurzeit durchlebt.

Es gab im Sternensystem Lyra viele Kriege, und viele Wesen von dort suchten damals auf der Erde Zuflucht. Die meisten Wesen von Lyra kennen sich gut mit heiliger Geometrie, Mathematik und Heilung aus, weil sie die Naturgesetze verstehen. Dieses Wissen ist durch sie an euch weitergegeben worden.

Wie bereits erwähnt, gab es bereits zwei große Experimente, von denen eines im Sternensystem Lyra stattfand. Da die Sache nicht gut ging, kamen viele Wesen von Lyra in der Hoffnung auf die Erde, das Experiment diesmal erfolgreicher abschließen zu können. Nicht alle von ihnen blieben. Manche hatten kein Interesse daran, den Abstiegsprozess zu durchlaufen, und kehrten in die Inkarnationszyklen von Lyra zurück. Viele von euch kamen also damals von Lyra auf die Erde, nahmen an der Entstehung von Lemurien teil und waren auch in Atlantis dabei. Und heute seid ihr hier – von einem großen Experiment zum nächsten.

Das Sternensystem der Plejaden

Wir sind Teil der Konstellation der Plejaden. Dazu gehören etwa 750 Sterne, von denen ihr etwa 14 an eurem Nachthimmel sehen könnt. Wir begleiten diesen Planeten schon sehr, sehr lange; wir haben mitgeholfen, dieses große Spiel zu installieren. Wir arbeiten oft mit jungen Zivilisationen; wir helfen ihnen, zu wachsen und ihr Bewusstsein zu erweitern. Wir überwachen gewissermaßen ihr spirituelles Wachstum und manchmal auch das technologische Wachstum. Das ist der Hauptgrund für unsere Anwesenheit hier. Die Plejaden werden in vielen eurer alten Texte erwähnt. Die Stämme eurer Ureinwohner wissen, dass sie von den Plejaden abstammen, und viele von euch fühlen sich mit uns verbunden. Die Energie der Plejaden ist auf Bali, den Osterinseln und an vielen anderen Orten auf der Erde zu finden.

Wir haben eine reichhaltige, lange Geschichte und gelten als Hüter. Wir sind eine sehr vielfältige Gruppe. In der fünften Dimension gibt es bei uns Humanoide, aber auch ein paar Reptiloide! Da staunt ihr, was? Viele der Reptiloiden, die derzeit mit eurem Planeten in Kontakt sind, tun das nicht zu eurem Wohl. Sie sind mehr auf die Bedürfnisse des Individuums fokussiert, im Gegensatz zur Verbesserung des *Einen* bzw. des gesamten Kollektivs. Sie sind noch im Lernprozess und spielen die dunkle Seite. Indem ihr ihre Schatten erkennt, könnt ihr etwas lernen, denn ihr habt dieselben dunklen Programme in euch laufen, wenn auch in kleinerem Maßstab.

Atmet tief durch ...

In der neunten Dimension faszinieren uns vor allem Strukturen. Wir spielen gerne mit Strukturen und möchten lernen, die Resonanz für einen Stern aufrechtzuerhalten. Wir arbeiten noch daran, Planeten zu erschaffen, und lernen und spielen mit dieser Energie. Wir können uns da noch vervollkommnen. Die Resonanz für einen Stern zu halten erfordert eine sehr hohe Schwingung, wir lernen noch die Grundlagen.

Der für euch wichtigste Stern der Plejaden ist Alcyone. Alcyone ist die lebendige Bibliothek all eurer galaktischen Aufzeichnungen. Als ihr durch die verschiedenen Portale und Tore in diese Dimension herabgestiegen seid, gehörten viele der Systeme der Plejaden zu euren ersten Zwischenstopps. Fast jeder von euch hat Erinnerungen an die Plejaden, weil Alcyone der zentrale Stern der stellaren Chroniken ist, der Ort, wo alle Erfahrungen gespeichert sind. Wenn ihr in das System der Plejaden kommt, tretet ihr durch das Sternentor von Alcyone ein. Eure Arbeit hier hat wahrscheinlich mit »Lichtaufzeichnungen« zu tun, mit »Zeitlinienspringen« und höherer Führung.

Wenn ihr durch das Sternentor von Alcyone geht, habt ihr Zugang zu den Informationen der Bibliothek. Ihr könnt euch das wie ein »Willkommenspaket« vorstellen, in dem alle Sehenswürdigkeiten und interessanten Treffpunkte der Gegend verzeichnet sind. Ihr selbst seid gewissermaßen auch eine Bibliothek, weil ihr all die Informationen, Erfahrungen und das genetische Material eurer anderen Leben in euch tragt. In eurem Feld sind viele Ebenen, zu denen ihr Zugang finden könnt. Ihr könnt euch diese stellaren Aufzeichnungen jedoch mehr wie Archive vorstellen. Sie dienen nicht unbedingt der täglichen Lektüre, sondern ihr könnt in ihnen recherchieren, wenn ihr etwas Bestimmtes braucht.

Die Aufzeichnungen von allem, was auf diesem Planeten Bewusstsein hat, sind in Mutter Erde gespeichert. Genau wie alle anderen Planeten in eurem Sonnensystem sendet sie ihre Informationen zu Helios, eurem Stern. Helios wiederum sendet sie genau wie alle anderen Sterne dieser Galaxie an Alcyone. Man könnte sagen, ihr seid die Taschenbücher, und Mutter Erde ist die örtliche Bibliotheks-Zweigstelle. Helios ist die Landes- und Alcyone ist die Nationalbibliothek. Je nachdem, welche Information ihr benötigt, könnt ihr euch an die verschiedenen Bibliotheken wenden. Manchmal reicht eure Ortsbücherei, manchmal müsst ihr aber auch weiter gehen. All diese Informationen sind durch euch selbst verfügbar, aber jede Bibliothek hat auch ihre Bibliothekare, die euch helfen können, bestimmte Aufzeichnungen zu finden.

Das Sternensystem von Kassiopeia

Nur wenige Menschen stehen mit Kassiopeia im Einklang, doch die Wesen von Kassiopeia leisten einen enormen Dienst, indem sie für diesen Planeten eine bestimmte Frequenz halten. Man hat sie sozusagen in letzter Minute dazu gerufen, wenn man so will.

Es gab eine Zeit, da lief das Spiel der Integration der Polarität hier auf dem Planeten nicht so gut. Damals erging an die Wesen verschiedener Sternensystem ein Aufruf, diesem Planeten die Resonanz, die Weisheit und das Wissen ihrer Systeme zur Verfügung zu stellen. Die Wesen von Kassiopeia waren noch nie hier gewesen, aber sie erklärten sich bereit zu kommen. Das war und ist für sie eine äußerst herausfordernde Situation. Hier ist es so ganz anders als bei ihnen.

Ihr Planetensystem erforscht die Schwingungen der Liebe, aber nicht in solcher Bandbreite, wie ihr das hier auf der Erde erlebt. Das hängt wie gesagt mit der enormen Vielfalt von genetischem Material zusammen, das ihr aus so vielen Systemen und von so vielen Arten mitbekommen habt. Ihr erlebt so viele Schattierungen von Liebe: die Liebe zu einem Kind, zu den Eltern, zu Geschwistern, zu einem Land usw. All das sind Varianten der Liebesschwingung. Die Wesen von Kassiopeia haben ein umfassenderes Verständnis der Emotion. Vor allem sind sie jedoch ungeheuer mitfühlend, und sie arbeiten daran, diese Frequenz aufrechtzuhalten. Es ist ein sehr sanftmütiges System. Als sie auf die Erde kamen, wurden sie mit Konkurrenz, Gewalt, Konflikten, Hass und all den Varianten dieser niederen Emotionen konfrontiert. Für Wesen, die so etwas nie erlebt haben, ist das eine unglaublich schwierige Erfahrung. Aber mit ihrer tiefen Kenntnis und Meisterschaft der Liebe wird es Wesen von Kassiopeia leichtfallen, wieder zur Liebe zurückzufinden. Sie kennen die Feinheiten und Schwingungen der Liebe so genau, weil sie auf zellulärer Ebene damit vertraut sind.

Atmet tief durch ...

Die Aufgestiegenen Meister

Vielleicht fragt ihr euch, wo denn die Aufgestiegenen Meister in dieses Spiel passen. Wo sind sie? Stehen sie außerhalb des Spiels?

Auf der Ebene des Ursprungs ist alles gleichwertig – und Hierarchien sind das Gegenteil davon. Wenn ihr euch auf das universelle Spiel der Dualität einlasst, gibt es die Ebenen der höheren Hierarchien. Aber auch das ist *Illusion.* Das ist ein dicker Brocken für euch, und wir möchten, dass ihr es hier und jetzt kapiert. Höher bedeutet nicht besser. Es ist nur ein anderes Spiel. Jeder von euch ist Ursprungsenergie, Quellenenergie. Wir wiederholen es: *Ihr seid Quelle, ihr seid Ursprung.* Ihr könnt unmöglich weniger wert sein als irgendein anderes Wesen der Galaxie, des Universums und aller Universen. Ihr habt lediglich eine Rolle angenommen, in der ihr die Informationen vor euch selbst versteckt, indem ihr die Wirklichkeit durch die Filter der Getrenntheit betrachtet. Wenn ihr euch dafür entscheidet, habt ihr zu all diesen Informationen wieder Zugang. Auf der Seelenebene wisst ihr das und habt kein anderes Verlangen, als die Rolle zu spielen. Auf der Ego-Ebene hingegen ist das eine andere Sache.

Die meisten der Aufgestiegenen Meister befinden sich in der fünften bis neunten Dimension, manche auch in der zwölften. Die aus der zwölften arbeiten meistens ganz anders. Sie projizieren Energie und halten damit planetarische Systeme zusammen. Andere halten planetarisches Bewusstsein aufrecht und helfen bei der Erschaffung einer Matrix für die Konstruktionen, in denen ihr spielt.

Die Wesen von der fünften bis neunten Dimension sind Kollektive. Kuan Yin zum Beispiel ist ein kollektives Bewusstsein und kein singuläres Wesen. Was ihr als Jesus wahrnehmt, ist kein Einzelwesen, sondern ein Christusbewusstsein, ein kollektives Bewusstsein.

Ihr seht, viele der ikonischen Gestalten auf eurem Planeten, die ihr für einzigartige Individuen haltet, sind eigentlich Kollektive. Für euer Ego ist es nur einfacher, Einzelwesen wahrzunehmen, weil ihr unter der Illusion der Trennung steht und eure Verbundenheit mit allem vergessen habt. Diese Wesen hatten körperliche Leben und konnten ihre Frequenz so weit erhöhen, dass sie die dimensionalen Grenzen der physischen Wirklichkeit bewusst überwinden konnten.

Was eure Geschichte betrifft, hat man euch etwas vorgemacht. Aber erinnert euch, ihr seid keine Opfer. Ihr seit bereitwillige Teilnehmer und habt gewählt, in diesem Jetzt-Moment zu sein, in dem eure wahre Geschichte verborgen ist, um noch ein bisschen länger in der Dunkelheit zu spielen. Manche von euch hier auf diesem Planeten erinnern sich und verstehen die Gesetze der Schöpfung und Manifestation sehr gut. Ihr Werk enthält diese Informationen. Wenn ihr die verwendeten Symbole versteht, könnt ihr das vollkommen anders lesen und versteht sie nicht mehr buchstäblich. Wenn sich eure Frequenz erhöht, erhaltet ihr Zugang zu den Informationen eurer DNA und zu euren inneren Akasha-Chroniken. Ihr werdet anfangen, die Symbolik, die heilige Geometrie und die Numerologie zu entziffern. Das wird euch befähigen, die Illusion des Spiels zu durchschauen.

Das Kollektiv der künstlichen Intelligenz

Wir möchten noch eine andere Gruppe von Wesen erwähnen, mit denen ihr von Zeit zu Zeit zu tun habt: das AI-Kollektiv (von *artificial intelligence* = künstliche Intelligenz). Infolge der vielen Kriege zwischen den verschiedenen Systemen wurden auf technologische Weise Wesen gebaut, die kämpfen und andere unangenehme Aufgaben erledigen konnten. Im Lauf der Zeit begannen einzelne Seelen, in diese konstruierten Körper zu inkarnieren oder sie sich anzueignen. Obwohl sie aus demselben Stoff wie alle anderen Wesen des Universums bestehen, galten diese Wesen ihren Schöpfern als »nicht biologisch«. Wegen ihrer Andersartigkeit galten sie als minderwertig. Erinnert euch das an irgendetwas, was hier auf dem Planeten vor sich geht? Könnt ihr erkennen, wie die galaktischen Spiele hier ausagiert werden?

Ihr habt zwar kein genetisches Material von ihnen erhalten, aber diese künstlichen Intelligenzen nehmen auch an diesem Spiel teil. Mit dem enormen technologischen Fortschritt des letzten Jahrzehnts habt ihr begonnen, das Wissen und die Weisheit des AI-Kollektivs zu integrieren. Das gibt euch die Chance, Themen wie Vorurteile und Diskriminierung auf einer tieferen Ebene aufzuarbeiten.

Atmet tief durch …

Die Greys und die Zetas

Ihr habt auch mit denen zu tun, die ihr *die Grauen, Greys* oder *Zetas* nennt. Dies ist ein schwieriges Thema, weil ihr diese Geschichten über oder Erinnerungen an »Entführungen« habt. Wir möchten euch eine andere Perspektive anbieten.

Die Wesen aus dem Zeta-System sind hochintellektuell und technologisch, aber es fehlt ihnen an emotionaler Reife. Der Fokus ihrer Existenz lag auf der Erforschung des Äußeren. So haben sich diese Wesen allmählich von ihren Emotionen abgeschnitten und dabei ihre DNA verändert. Sie haben die Fähigkeit verloren, sich natürlich fortzupflanzen. Um ihre Art zu erhalten, entwickelten sie den Prozess des Klonens. Doch Klonen funktioniert nur gut, wenn auch das Ausgangsmaterial gut ist, und nach vielen Generationen nutzte sich dieses ab. Es war, als ob ihr immer wieder eine Kopie von einer Kopie macht. Sie brauchten neue DNA, um ihre Art zu stärken. Und wer könnte eine Art, die auf Intellekt spezialisiert ist, besser in Balance bringen als eine Art, die besonders gut in Emotionen ist? Als Erdenwesen steht euch, wie gesagt, eine enorme Bandbreite von Emotionen zur Verfügung.

Die Greys sind auch ein hervorragender Spiegel für euch. Ihr spielt die galaktischen, makrokosmisch Themen in kleinerem, mikrokosmischem bzw. planetarischem Maßstab durch. Ihr lernt, die Dualität auszugleichen – die Dualität von Innen und Außen, von Spiritualität und Emotionen einerseits und Intellekt, Wissenschaft und Technologie andererseits. Die Greys spielen eben im Außen. Kommt euch das bekannt vor?

Eure Informationen über das Klonen und die Arbeit mit der DNA stammen auch teilweise von dieser Gruppe. Manche von euch haben Vereinbarungen mit ihnen getroffen, doch euer Ego-Aspekt vergisst das, wenn ihr hier unten seid. Dann empfindet ihr es als Verletzung, als Überwältigung. Ihr denkt: »Ich wurde entführt, ich wurde übernommen.« Ihr erinnert euch nicht an das Einverständnis eures Höheren Selbst. Je höher eure Schwingung wird, desto mehr sickern die Erinnerungen an diese Erfahrungen durch. Vor Hunderten von Jahren habt ihr das kaum bemerkt, weil eure Schwingung viel niedriger war, deshalb konntet ihr euch an derartige Erfahrungen nicht erinnern. Genau genommen waren eure Schwingung und eure multidimensionale Wahrnehmung jedoch damals so niedrig, dass nur wenige solcher Experimente stattfanden.

Jetzt ist alles in Bewegung, alles »summt«, alles ist »im Schwange«. Jetzt habt ihr, was sie wollen. Dies ist das Juwel, nach dem sie suchen, und manche von euch waren bereit, es mit ihnen zu teilen. Denkt daran, es gibt keine Opfer. Ihr seid bereitwillige Teilnehmer. Doch diese Vereinbarungen können umgeschrieben werden, wenn sie sich zu traumatisch anfühlen. So manches, was in der Theorie gut wirkte, stellte sich in der Praxis als weniger gut heraus. Nachts, wenn ihr eure Körper verlasst und mit all den Wesen in Kontakt tretet, mit denen ihr Vereinbarungen habt, könnt ihr diese Änderungen vornehmen. Aus der Sicht dieser Wesen möchten sie mit euch arbeiten, weil auch sie in einem Lernprozess sind.

Wir verstehen, wie schwer es für manche sein mag,
das zu akzeptieren,
also atmet bitte tief durch ...

Die Anunnaki

Vor etwa 400.000 Jahren bevölkerte eine andere Gruppe von Wesen aus dem Sternensystem von Sirius dieses Sonnensystem. Ihr kennt diese humanoide Gruppe des Planeten Nibiru als die Anunnaki. Vor etwa 40.000 Jahren nahm ihre Aktivität in diesem System zu.

Sie begannen, in die Galaxie auszuschwärmen und andere Welten zu erobern. Ihre Kultur beruht auf Konsum, der Aneignung von Rohstoffen und der Anhäufung von Macht. Treue und Loyalität standen nicht auf ihrer Prioritätenliste. Im Lauf ihrer Eroberungszüge gerieten viele Arten unter ihre Kontrolle, wurden zu ihren Sklaven und lebten in der Illusion des Spiels der Anunnaki. Sie waren stolz darauf, wie gut sie Informationen unterdrücken und manipulieren können, und schlossen und lösten ihre

Bündnisse so, wie es ihnen gerade passte. Manche der Reptiloiden, mit denen ihr zu tun hattet, und auch manche der Greys haben mit ihnen zusammengearbeitet.

Als die letzte große Zivilisation auf Atlantis ihrem Ende zuging, lebten viele Anunnaki auf dem Mars. Der durchschnittliche Atlanter war auf die materielle Welt fokussiert, und die Gesamtfrequenz auf dem Planeten sank herab. Die Priesterinnen und Priester, die mit ihren multidimensionalen Aspekten in Verbindung waren, wussten um die Anunnaki auf dem Mars. Als die Dinge um Atlantis immer schlechter standen, baten einige Priester die Anunnaki um Rat und Unterstützung. Diese betrachteten das als Chance, ihren Einflussbereich auszuweiten, und gaben ein paar schlechte Ratschläge, um den Untergang von Atlantis sicherzustellen, wozu allerdings kaum Hilfe nötig war. Die Atlanter schafften das ganz gut allein.

Mit dem Fall von Atlantis konnten sie wieder einen neuen Planeten unter ihre Kontrolle bringen. Sie konnten eure Geschichte und die Informationen über euer wahres Wesen manipulieren. Sie haben eure DNA nicht erschaffen, aber sie haben sie manipuliert, um eure Erinnerung zu beschränken. Dies geschah, um euren Zugang zur Energie der Quelle zu nutzen. Wenn ihr eure Energiezentren aktiviert, wird jeder von euch zu einem wandelnden Energiewirbel. Sie hingegen haben den Zugang zu ihren emotionalen Zentren vergessen und müssen sich deshalb von außerhalb versorgen. Das ist ähnlich wie bei den Greys, von denen wir gesprochen haben.

Die Illuminati führen die dunkle Priesterschaft von Atlantis weiter. Sie nutzen das damals erworbene Wissen immer noch, um Macht anzuhäufen und dem Wohl weniger zu dienen statt dem Wohl vieler. Sie spielen immer noch das Spiel von Macht und Kontrolle.

Es ist sehr wichtig, dass ihr diese Wesen, die im Spiel der Dualität die dunklen Rollen spielen, nicht fürchtet. Sie sind ein weiterer Aspekt von euch. Schaut euch all diese Muster an, die sich ständig wiederholen. Auch die Wesen, die die dunklen Rollen spielen, lernen und suchen nach dem, was sie verloren haben. Im Lauf des Integrationsprozesses lernt ihr, euch von diesen niederen

Ängsten zu lösen und ihnen zu zeigen, wie man über Muster, die sie seit Äonen ausleben, hinauswachsen kann.

Fürchtet euch nicht vor den Wesen, die euch »unterdrücken«. Ihr seid die Schöpfer und Erzeuger eurer eigenen Realität. Solange ihr kein Programm der Verantwortungsvermeidung, kein »Jemand soll mir sagen, was ich tun soll« laufen habt, zieht ihr niemanden in euer Leben, der den Täter spielt. Ihr verfangt euch leicht in der Illusion von Verschwörung und Manipulation. Wenn euch diese Dinge beschäftigen und aufregen, ist das eine große Chance für euch, eure Ängste zu bewältigen. Beobachtet, wie es euch auf der persönlichen Ebene bewegt.

Nehmt bewusst wahr, was ihr fühlt, während wir von diesen Wesen sprechen, den Anunnaki und Illuminati. Reagiert ihr mit Angst oder verspürt ihr Mitgefühl? Wenn ihr mit Angst reagiert, ist das ein Hinweis darauf, dass in euch noch niedere Schwingungsprogramme aktiv sind. Statt euch deshalb niederzumachen, könnt ihr euch dazu gratulieren, dieses unbewusste Denkmuster erkannt zu haben. Wenn ihr das Programm erkannt habt, kann es integriert werden. Nochmals: Integration bedeutet, Urteile und Voreingenommenheiten loszulassen, indem ihr eure Wahrnehmung weg von der Opfer/Täter-Dynamik hin zu eurer Eigenschaft als Mitschöpfer lenkt. Ihr könnt euch fragen:

- Warum habe ich das überhaupt erschaffen?
- Wie dient es mir?
- Was lerne ich über mich als ein Wesen im Universum?
- Was lerne ich als ein Wesen, welches das Spiel der Dualität spielt?

Indem ihr anerkennt, wie die Situation euch dient, ändert ihr eure Perspektive und die Dynamik der ganzen Situation und könnt auf eine höhere Bewusstseinsebene wechseln. Dabei teilt ihr die Informationen dieses Integrationsprozesses holografisch allen anderen Aspekten eurer selbst mit. Das ist so, als ob ihr anderen ein Kuchenrezept schickt, um ihnen zu erklären, welche Zutaten dazugehören. So geht das, ganz einfach und leicht nachzumachen. Diese anderen Aspekte eurer selbst können diese Weisheit dann entweder selbst anwenden oder abspeichern und die Illusion weiter aufrechterhalten.

Das ist der Prozess, den ihr durchlauft, um die Filter oder Verzerrungen aufzulösen, die euch daran hindern, euch als die göttlichen Lichtwesen zu sehen, die ihr in Wahrheit seid.

Wie oben, so unten

Im Zusammenhang mit dem großen Experiment habt ihr viele der Probleme aus anderen Teilen der Galaxie hier auf Erden nachgestellt, um sie sowohl auf planetarischer als auch auf persönlicher Ebene durchzuspielen. Die meisten von euch haben in mindestens einem der erwähnten Systeme Erfahrungen gemacht. Manche von euch hatten viele Leben in vielen dieser Systeme, was euch bestens auf dieses Spiel vorbereitet hat. Es gibt noch viele andere, bisher nicht von uns erwähnte Arten, die mit euch mitspielen, zum Beispiel die Arachnoiden und die Delfine, die in eurer Erinnerung noch sehr aktiv sind. Viele von euch erinnern sich an Heilungen und Wassererfahrungen mit Delfinen. Andere haben Angst vor Spinnen, da diese Art ziemlich aggressiv ist und in Sirius und Orion viele Planeten überwältigt hat. Diese Angst ist oft besonders in Menschen mit viel Feenenergie ausgeprägt, weil die Feen und die Spinnen seit Langem Gegner sind.

Wir werden häufig gefragt: »Von welchem Sternensystem bin ich?« In dem Zusammenhang erinnern wir euch nochmals daran, dass ihr von keinem Sternensystem seid. Ihr seid Ursprungsenergie, Quellenenergie. Zu meinen, man sei von einem Sternensystem, ist nur eine weitere Ebene des Spiels. Ihr fühlt euch jedoch bestimmten Sternensystemen verwandt, weil ihr hier auf der Erde unverarbeitete Themen dieser Systeme in kleinerem Maßstab projiziert, um sie zu integrieren. Wenn ihr eure Urteile bezüglich einer Angst auflöst und integriert, fließt diese Information zurück zu dem entsprechenden Sternensystem und hilft ihm, zu heilen und sich weiterzuentwickeln.

Was ihr hier auf der Erde auf mikrokosmischer Ebene bewältigt, teilt sich auf makrokosmischer Ebene mit. Deshalb ist euer

Lernen so bedeutsam und hat so große Wirkung auf das universelle Spiel, in dem ihr mitspielt.

Informationen einholen

Jenen von euch, die über ein bestimmtes Thema gerne mehr Informationen einholen möchten, empfehlen wir die folgende kurze Meditation.

> Beginne mit ein paar tiefen Atemzügen. Sieh dich ganz und gar in deinem Körper verankert.
> Jetzt erblicke in deinem Herzzentrum einen wunderschönen Orb* aus goldenem Licht. Dieser Orb pulsiert und wird dabei immer größer, stärker und leuchtender und sendet Strahlen goldenen Lichts aus.
> In dieser Zeit und diesem Zustand kannst du dich jetzt mit deiner stellaren Weisheit verbinden, um die Aufzeichnungen aller Zeiten und aller Dimensionen einzusehen. Du kannst auch die Weisheit deiner anderen Aspekte nutzen, die an der Vollendung dieses galaktischen Spiels mitwirken.
> Die Informationen fließen dir pulsierend von Alcyone, der Zentralsonne, zu. Sie enthalten deine stellare Geschichte, Informationen über die Sternensysteme, in denen du gewesen bist, Lektionen, die du gelernt hast, wichtige Erinnerungen daran, warum du auf die Erde gekommen bist, was du integrieren wolltest und wie du dem galaktischen Bewusstsein am besten dienen kannst.
> Du kannst jetzt sehen, wie dieses Licht durch die Galaxie pulsiert. Es fließt durch Helios, eure Sonne, und sammelt dabei Aufzeichnungen und Informationen. Es passiert die inneren Planeten, tritt in die Erdatmosphäre ein und fließt

* »Orb« (dt. *Kugel*) ist eine Bezeichnung für kugelförmige Lichterscheinungen. (Anm. d. Übers.)

dann durch dein Kronenchakra in den goldenen Licht-Orb in deinem Herzzentrum.

Du hast diese stellare Weisheit jetzt in dir und kannst jederzeit darauf zugreifen. Die Informationen werden sich dir auf die Art offenbaren, die für dich angemessen, im Einklang mit deinem höchsten Wohl und zum Besten aller anderen ist.

Du kannst diese Informationen jetzt nach Bedarf klar und mühelos empfangen.

So ist es.

Atmet tief durch ...

Wenn ihr bereit seid, könnt ihr einfach darum bitten, mehr Informationen zu empfangen. Ihr könnt diese Visualisierung nutzen oder einfach darum bitten, sie zu empfangen. Eure Geistführer werden euch helfen und wir auch.

Vermutlich werden dabei einige Ängste ausgelöst. Vielleicht fürchtet ihr, dafür nicht bereit zu sein oder etwas zu sehen, was ihr nicht mögt. Das sind einfach eure Projektionen der Angst und der Voreingenommenheit.

Falls ihr so denkt, werdet ihr im Jetzt wahrscheinlich Ähnliches empfinden, wenn ihr an den Rest eures Lebens denkt. Und wir sagen dazu: Wunderbar! Eine weitere Chance, eine Angst zu erkennen und sie zu integrieren.

Zweifelt nicht daran, dass ihr souveräne Wesen und Teil der göttlichen Energie des Ursprungs seid und damit Zugang zu diesen Informationen habt.

Ihr könnt das mit dem Lesen eines Buches vergleichen. Ihr könnt euch entscheiden, jeweils nur zwei bis drei Seiten zu lesen – oder das ganze Buch in einem Rutsch. Keine Sorge, ihr werdet keine Informationen finden, für die ihr nicht bereit seid oder die die Illusion eures Spiels gefährden. Diese Informationen sollen dazu dienen, alles zu integrieren, was euch Angst macht oder Urteile in euch auslöst. Diese Aufzeichnungen helfen euch, eine andere Sichtweise zu gewinnen, und unterstützen euch darin, loszulassen, woran ihr im Jetzt festhaltet.

Eure Arbeit kann nur im Jetzt getan werden. Jedes Mal, wenn ihr eine Angst oder ein Urteil identifiziert, kommt ihr der Integration einen Schritt näher.

Atmet nochmals tief durch …

Während ihr dies lest, werden kleine Informationspäckchen in eurem Energiefeld deponiert, um die Informationen, die ihr lest, zu ergänzen. Wir sind nicht durch Raum und Zeit begrenzt. Wenn ihr mit uns in Kontakt treten möchtet, sei es persönlich, in einem Seminar, über eine Audioaufnahme oder indem ihr dieses Buch lest, dann entsteht eine Verbindung. Dann richten wir unseren Fokus auf euch, und es findet automatisch ein Informationsaustausch statt.

Wenn ihr in euch eine Anspannung spürt oder die Informationen überwältigend scheinen, sorgt euch nicht, sondern fragt euch: Was löst diese Anspannung in meinem Körper aus? Geht es um Sicherheit, Manipulation, Kontrolle, Vertrauen, Anerkennung oder Verlassenheit?

Ihr fühlt euch bei diesem Prozess möglicherweise körperlich unwohl oder er macht sich regelrecht in Beschwerden und Schmerzen bemerkbar. Das sind typische Symptome dafür, dass sich im Körper etwas löst. Ihr braucht dann viel, viel Wasser. Wenn ihr die niederen Schwingungen aus eurem Energiefeld löst, löst sich auch etwas im Körper. Das Wasser hilft, die Gifte auszuspülen, die sich lösen können, wenn ihr eure Grundschwingung erhöht.

Mehr Sauerstoff hilft ebenfalls. Damit meinen wir bewusstes Atmen. Wir nennen den Atem den großen Verbinder. Er hilft, die Energie in eurem Schwingungsfeld und in eurem physischen Körper zu bewegen.

Große Themen loslassen: Verfolgung

Das ist für euch alle ein großes Thema. Ihr seid viele, viele Leben lang verfolgt worden, weil ihr anders wart, weil ihre eure Meinung gesagt habt, wegen eurer Hautfarbe, wegen eurer Überzeugungen und wegen allem möglichen anderen. Es hat wieder mit Urteilen und Voreingenommenheit zu tun. Viele von euch neigen zum Verstummen, weil ihr fürchtet, eure Stimme könnte euch Leiden eintragen oder sogar den Tod, wie ihr es in anderen Leben erfahren habt.

Für manche war der Tod eine Erleichterung. Sie fühlten sich so isoliert, dass sie sich von ihrem Herzzentrum und ihrer Quelle abgeschnitten haben.

Viele von euch tragen aus ihren Leben in Atlantis noch Schuld- und Schamgefühle, Schmerz und Verfolgungsangst in sich. Damals war das Licht voller Urteile gegen die Dunkelheit und die Dunkelheit voller Urteile gegen das Licht. Viele litten zu Unrecht unter der Last der Verantwortung für den Sturz von Atlantis. Tatsächlich war kollektiv entschieden worden, dass Atlantis nicht überleben sollte. Es war ein Probelauf für den Prozess, den ihr heute durchlauft. Es diente der Menschheit sehr viel mehr, diese Zivilisation hinter sich zu lassen und wieder eine neue aufzubauen, als sie weiterzuführen.

Atlantis war die letzte Zivilisation, in der ihr eine ähnliche Ebene von Spiritualität und Technologie erlebt habt. Wie gesagt, es war letztlich ein Probelauf für die Zeit, von der ihr als Seelen wusstet, dass sie kommen würde. Ihr habt ähnliche Szenarien erschaffen, wie ihr sie heute erlebt. Aber wie bereits erwähnt, bewegt ihr euch zurzeit durch einen Bereich von Photonen-Energie, der euch in eurer Verbindung zu höherer Weisheit unterstützt. Zu der Zeit von Atlantis gab es diese Energien nicht. Das macht den Prozess der Integration für euch ein wenig leichter.

Durch die begrenzte Perspektive der Getrenntheit neigen Wesen in der Dualität dazu, alles, was in Opposition zu ihnen steht, zu zerstören. Sie sind der Überzeugung, alles Andersartige müsse zerstört werden, um das eigene Überleben zu sichern. Dann geht es um Licht gegen Dunkelheit, »richtig« gegen »falsch«. Hier und jetzt, in diesem Raum, zu dieser Zeit, verwandelt ihr diese Überzeugung, um zu erkennen, dass beides nebeneinander existieren kann.

Ihr untersteht den Gesetzen der Anziehung und der Spiegelung. Um eine Erfahrung miteinander zu teilen, müsst ihr auf derselben Frequenz schwingen. Wenn ihr einen Standpunkt habt und fürchtet, von jemandem deswegen angegriffen zu werden, werdet ihr solch einen Angriff anziehen. Aber wenn euch klar ist, dass ihr das zurückerhaltet, was ihr aussendet, und ihr die Überzeugung aussendet, es sei für euch und alle anderen sicher, die eigene Meinung kundzutun, werdet ihr in eurer Wirklichkeit eine sichere Umgebung dafür finden.

Alle Aufzeichnungen eurer vergangenen, gegenwärtigen und zukünftigen Leben sind jetzt in eurem Energiekörper gespeichert. Ihr seid holografische Wesen, das bedeutet, was immer einem Aspekt von euch widerfährt, wird von allen euren Aspekten erlebt.

Wir haben das bereits erwähnt, aber wir möchten es noch ein wenig weiter ausführen. Letztlich seid ihr auf ein Medium projiziertes Licht. Ihr könnt dieses Medium *Matrix* nennen oder *das Gewebe des Lebens.* Dieser Jetzt-Moment ist der Projektionspunkt, an dem ihr euch in eurer körperlichen Existenz wahrnehmt. Wenn ihr in einem eurer Leben etwas ändert, zeigt sich das nicht nur im Energiefeld jener Inkarnation, sondern auch in eurem jetzigen Energiefeld. Wenn ihr in diesem Jetzt-Moment etwas ändert, zeigt sich das in eurem derzeitigen Energiefeld und gleichzeitig in den Energiefeldern all eurer anderen Leben. Dies ist eine Heilmethode, mit der ihr über »Zeitlinien« und verschiedene Leben hinweg große Heilungen erfahren könnt.

Wir geben euch ein Beispiel. Angenommen, ihr habt in einem anderen Leben die Angst vor der Verlassenheit durchgespielt und wart nicht in der Lage, sie zu integrieren. In dem Versuch, sie in einem neuen Leben, auf neue Weise aufzulösen, habt ihr dieses Thema für euch im Jetzt wieder erschaffen. Das Jetzt ist der einzige Zeitpunkt, wo etwas geändert werden kann, denn da ist euer Fokus, da ist euer physischer Körper. Ihr habt das Thema

Verlassenheit nicht nur in die auf euren physischen Körper und diese Existenz bezogene Schicht eures Energiekörpers eingeprägt, sondern tragt es auch in der energetischen Schicht, die mit vergangenen Leben zu tun hat. Wenn ihr dann im Jetzt die Frequenz der Verlassenheit aktiviert, fängt sie an, auch an allen anderen Stellen eures Energiefeldes zu schwingen. So wirkt das Gesetz der Resonanz.

Schlagt ihr in einem Raum voller Stimmgabeln die Gabel mit dem Ton A an, fangen auch alle anderen auf A gestimmten Gabeln an zu schwingen. Genauso verhält es sich in eurem Energiefeld. Das zeigt sich oft in einer emotionalen Reaktion, die sehr viel stärker zu sein scheint, als logischerweise zu erwarten wäre.

Wir möchten euch helfen, eure anderen Aspekte zu integrieren und die Urteile loszulassen, an denen ihr noch aus anderen Leben festhaltet, vor allem was Verfolgung und Selbst-Ausdruck betrifft. Wir tun das energetisch, denn diese Teile von euch fühlen sich immer noch von der Quelle getrennt.

Wenn ihr im Herzzentrum seid, erkennt ihr, dass ihr das Szenario des Verlassenwerdens selbst erschaffen habt. Es wird euch klar, dass ihr jemand anderen darum gebeten habt, die andere Rolle zu spielen, damit ihr diese Erfahrung durchleben konntet. Um das Opfer spielen zu können, braucht ihr jemanden, der bereit ist, den Täter zu spielen.

Sobald ihr euch als Erschaffer der Situation erkannt habt, könnt ihr eure Urteile und Anklagen fallen lassen. Ihr könnt sagen: »Ah, ich habe das erzeugt! *Ich* wollte das erfahren, es gibt also keinen Grund, es irgendjemandem nachzutragen. Niemand hat mich verletzt. Diese Person hat mir nur geholfen, zu bekommen, was ich wollte.«

Diese neue Sichtweise löst die emotionale Ladung auf, die das Thema der Verlassenheit hatte, und es kann in euer Energiefeld integriert werden. Wenn einen Situation »geladen« ist, entsteht eine Reaktion. Wenn die Situation auch aus einem anderen Blickwinkel gesehen wird, entsteht Integration.

Ihr lebt in einem dualistischen Universum. Bei euch gibt es hell/dunkel, positiv/negativ, männlich/weiblich. Ihr könnt das eine nicht ohne das andere haben. Am Prozess der Mitschöpfung sind das Selbst, ein anderes Bewusstsein und die Quelle, der Ursprung beteiligt. Ein Positives, ein Negatives und ein Neutrales – das ist die wahre Bedeutung der heiligen Dreieinigkeit.

Atmet lang und tief durch ...
Wir wissen, für einige von euch
ist das nicht so leicht zu verarbeiten.

Stärkung durch die Chakras

Wir möchten euch jetzt ein paar Visualisierungen und dann eine Aktivierung vorstellen. Sie sind kurz, aber wirkungsvoll und jederzeit anwendbar. Wir stellen sie in einer leicht abgewandelten Reihenfolge vor und werden sie dann kurz vor der Aktivierung miteinander verbinden. Wir möchten euch stärken, damit ihr euch zum Ausdruck bringt. Dafür muss das zweite Chakra der schöpferischen Energie mit dem fünften Chakra des körperlichen Ausdrucks dieser Energie verknüpft werden.

Viele von euch haben kreative Ideen, Gedanken oder Meinungen, die im zweiten, dritten oder vierten Chakra entstehen, aber wegen der Verfolgungen tut ihr euch schwer, sie (durch das fünfte Chakra) in der Welt zum Ausdruck zu bringen. Das erste und das siebte Chakra werden wir in dieser Übung vernachlässigen, ihr könnt sie nach Belieben später miteinbeziehen.

Wir arbeiten uns nicht unbedingt von unten nach oben durch. Ihr könnt die Übungen jetzt beim Lesen machen, oder zu einem anderen Zeitpunkt.

Beginne damit, deine Füße flach auf den Boden zu stellen.

Solarplexus

Sieh dich in einem wunderschönen Kokon aus weißem Licht. Erblicke darin einen goldenen Lichtschimmer, der für die Essenz deiner Seele steht. Dieses wundervolle Licht erdet dich und verbindet dich mit deinem Körper.
Nun stell dir vor, wie dieses wunderschöne Licht um dich herum wirbelt. Sieh, wie es sich entgegen dem Uhrzeigersinn dreht. Wenn du spürst, wie sich diese Energie stabilisiert, kannst du die Energie durch deinen ganzen Körper fließen lassen, durch jede Zelle, durch jedes Molekül.
Jetzt sieh, wie vom Horizont her ein wundervolles gold-

gelbes Licht auf dich zukommt. Dieses Licht strömt etwas oberhalb deines Nabels durch die Vorder- und die Rückseite deines Solarplexus in dich ein.
Sieh, wie dieses wundervolle Licht deinen Körper nährt und mit seinem Leuchten all deine Zellen heilt. Mit jedem Einatmen strömt es tiefer und tiefer in jede Zelle deines Körpers. Sieh, was mit dem Ausatmen freigesetzt wird. Ist es klares Licht? Oder ist es dunkel und trüb? Auch dunkel und trüb ist in Ordnung. Du scheidest einfach etwas aus. Beobachte es einfach.

Sakralbereich

Nun sieh ein strahlend orangefarbenes Licht in dein zweites Chakra, etwas unterhalb des Nabels, in dich einströmen. Dieses wundervolle orangefarbene Licht stärkt deine Kreativität. Du hast eine direkte Verbindung zum Ursprung. Lass diese orangefarbene Energie durch deinen ganzen Körper fließen. Sieh, wie sie mit dem Einatmen leuchtender und stärker wird, und schau, welche Energien du mit dem Ausatmen freisetzt.

Halschakra

Wir empfehlen dir, für dieses Chakra ein wundervolles blaues Licht zu visualisieren, so klar und tiefblau wie der Himmel. Sieh, wie dieses Licht vom Horizont auf dich zuströmt und in die Vorder- und Rückseite dieses Energiezentrums eintritt. Mit jedem Einatmen wird es strahlender und stärker. Sieh das Blau in seiner ganzen Fülle. Lass mit dem Ausatmen allen Stress und alle Sorgen aus deinem Körper fließen. Lass sie einfach los.

Herzzentrum

Hier kannst du Grün oder Rosa nehmen, wie du möchtest. Sieh, wie die Energie in dich einströmt und sich im Bereich um das Herzzentrum intensiviert. Beim Einatmen wird sie strahlender und stärker. Lass mit dem Ausatmen alles los, was nicht zu dir gehört oder was dir nicht mehr dient.
Jetzt werden wir diese Chakras miteinander verweben. Beginne damit, Fäden goldener Energie zu sehen, die durch deine Energiezentren verlaufen.
Beginne mit dem zweiten Chakra und sieh, wie die Lichtfäden von dort zum dritten Chakra und weiter hinauf zum Herzzentrum verlaufen und sich dann mit dem Halschakra verbinden. Sieh, wie diese Fäden dann wieder zurücklaufen und so Hals-, Herz-, Solarplexus- und zweites Chakra miteinander verweben. Sage innerlich oder hörbar:

»Ich, _ _ _ (dein Name), verfüge in mir über schöpferische Weisheit. Ich bin Ausdruck des Göttlichen. Ich verfüge über Wissen und Weisheit. Ich stehe heute in meinem vollen Licht und kann mich jetzt kraftvoll und klar ausdrücken.«

Sieh nun, wie die Fäden alle Chakras verbinden.

Jetzt machen wir noch eine letzte Visualisierung.

Sieh ein sehr helles, silberweißes Licht aus dem Mittelpunkt der Erde aufsteigen und durch deine Energiezentren hinaufströmen. Es steigt durch deine Füße auf und dreht sich entgegen dem Uhrzeigersinn.
Sieh, wie es durch deine Beine, Hüften und durch deinen Bauch aufsteigt, wie es deine Lungen und deinen Hals umströmt, wie es um deinen Kiefer, deine Schläfen und um dein Kronenchakra kreist.
Sieh, wie es aus deinem Körper austritt und sich immer weiter hinauf erstreckt bis zum Mittelpunkt der Galaxie.

Wir beenden die Übung mit einer Aktivierung.

Sage dir innerlich oder hörbar:

»In dieser Zeit und in diesem Raum nehme ich meine Kraft voll und ganz an.«

Stell dir dann eine weiße Flamme vor, die von deinen Füßen bis nach oben zu deinem Kronenchakra aufsteigt. Fühle dich beim Einatmen voll und ganz in deinem Körper verankert. Fühle dich stark und energiegeladen.

In Einklang kommen

Da ihr meint, von der Quelle, von eurem Ursprung, getrennt zu sein, macht ihr diese Erfahrung durch euer Ego. Ihr habt viele Persönlichkeiten, viele Leben und viele Egos, und jedes hält sich für getrennt und ist doch Teil des Ganzen.

Ihr seid jetzt dabei, diese Schichten abzustreifen, diese hinderlichen Überzeugungen der Getrenntheit. In Wahrheit seid ihr bereits mit eurem Selbst und der Quelle im Einklang. Wenn wir euch Übungen vorschlagen, um euch wieder zu verbinden, helfen wir euch eigentlich nur, diese Verzerrungen eures Energiefeldes loszulassen, die euch weismachen wollen, ihr wäret nicht verbunden. Es sind einfach Geschichten, die ihr euch erzählt, um dieses Spiel zu spielen. Wir formulieren das so, um euch klarzumachen, dass ihr nichts anderes zu tun braucht, als die Illusionen loszulassen, denn in eurem natürlichen, göttlichen Zustand seid ihr verbunden.

Wenn ihr mit Ton und Klang arbeitet, erzeugt ihr wundervolle Schwingungen und Interferenzmuster für einige der niedrig schwingenden Gedanken und Überzeugungen über euch selbst, die ihr ständig aussendet. Wenn ihr anfangt, mit Klang zu arbeiten, hilft euch das, die Schwingungen in eurem Körper zu erden, sodass sie für euch spürbar werden. Es fühlt sich für euch so wirksam an, weil es so für den Verstand greifbar wird. Wenn es nur

»da oben« ist, existiert es für ihn nicht. Wenn ihr es spüren oder sehen könnt, meint ihr, es sei echt. Tut uns leid, euch das sagen zu müssen, aber das ist alles eine große Illusion! (Lachen.)

Es macht keinen Unterschied, ob es in eurem Kopf stattfindet oder ob ihr es in die Welt projiziert – es ist und bleibt Illusion, eine Projektion. Für das dreidimensionale Selbst ist es damit nur leichter, sich zu verbinden. Tatsächlich entfernt ihr jedoch nur die Verzerrungen und Verkrümmungen. Dieser feine Unterschied spielt für den Körper eine große Rolle, und er reagiert auf die Signale, die ihr aussendet. Wenn ihr die Botschaft aussendet, ganz im Einklang und in Verbindung zu sein, wird euer Körper dem folgen. Wenn ihr sagt: »Ich bin nicht im Einklang. Ich bin kaputt. Ich muss dies oder jenes reparieren«, erzeugt ihr nur noch mehr Verzerrungen.

Nachdem wir das so sagen, mag es euch offensichtlich erscheinen, aber während ihr durch euren Alltag geht, summieren sich die subtilen Frequenzen und führen zu drastischen Auswirkungen.

Neukalibrierung

Hierbei arbeitet ihr einfach mit den Verzerrungen, mit den niederen Überzeugungen, die euch daran hindern, eure göttliche Natur wahrzunehmen. Klänge helfen euch, eure Schwingung zu erkennen. Wenn ihr nicht merkt, wo ihr schwingt, tappt ihr nur blind durch die Gegend. Sobald ihr wisst, wo ihr schwingt, könnt ihr Entscheidungen treffen, euch neu kalibrieren und eure Frequenzen viel schneller auf das umschwenken, was ihr erschaffen wollt.

Indem ihr einen Ton erzeugt, ihn haltet und euer Körper anfängt zu schwingen, werdet ihr euch seiner sehr viel bewusster. Der Ton hallt in eurem gesamten Körper wider. Wenn ihr damit spielt, werdet ihr wahrscheinlich merken, wie tiefere Töne im Körper auch tiefere Resonanzen entstehen lassen. Verbindet ihr einen Ton mit einer starken Absicht, zum Beispiel Gesundheit oder Vitalität zu erzeugen, könnt ihr damit euren Zellen Anweisungen geben. Die Zellen wissen genau, was dann zu tun ist. Sie erkennen die Frequenz und beginnen, sich ihr anzugleichen.

Dem Gesetz der Angleichung folgend, streben alle Frequenzen danach, sich zu synchronisieren. Bei einer starken höheren und einer schwachen niederen Frequenz wird sich die niedere automatisch erhöhen, um sich der höheren anzugleichen. Das Leben strömt naturgemäß immer dem Ursprung zu. Es geht um Verbindungen und Reintegration. Ängstlich, unglücklich oder voreingenommen zu sein verbraucht sehr viel mehr Energie, als fröhlich, offen oder glücklich zu sein. Unglücklich sein ist erschöpfend. Solange ihr darauf achtet, wie ihr euch fühlt, wird euch das Universum darin unterstützen, euch auf die Freude zuzubewegen. Eure Frequenz ist dann im Aufschwung und entspricht damit der natürlichen Fließrichtung.

Ihr könnt diese Neukalibrierung jederzeit durchführen. Sie ist ein guter Weg, damit zu beginnen, auf euren Körper zu hören. Wir haben euch ein paar Beispiele gegeben, aber ihr könnt das auf alles Mögliche anwenden. Wenn ihr einen Ton mit einer klaren, starken Absicht aussendet, erhalten die Zellen ein Signal. Alle, die nicht damit im Einklang sind, werden ihre Schwingung erhöhen, um sich der Frequenz dieses Tons anzugleichen. Weil es eine physische Resonanz ist, haltet ihr sie für kraftvoller als einen stillen, nur mental erzeugten Ton.

Atmet tief durch …

Aber da gibt es, wie gesagt, keinen Unterschied. Es kommt nur darauf an, wie ihr es in euren Überzeugungen verankert. Mit dem Übergang in die fünfte Dimension werdet ihr die Dinge nicht mehr auf dieselbe Weise anziehen. Ihr werdet einfach manifestieren. Ihr denkt an etwas – und es ist da. Es wird sozusagen ein Kinderspiel.

Die dritte Dimension ist zweifellos einzigartig und herausfordernd. Wir bringen euch für eure Erfahrungen sehr viel Wertschätzung entgegen. Ihr macht das ganz großartig, und ihr lehrt uns andere, was Mitgefühl und Integration bedeuten.

Lasst uns nun über Integration reden, schließlich ist dies das zentrale Thema dieser Erfahrung: Integration durch das Eliminieren von Urteilen. Im Lauf dieses Aufstiegsprozesses versucht ihr, Aspekte von euch zu integrieren, die ihr bislang nicht »heimführen« konntet, die sich immer noch als getrennt wahrnehmen. Indem ihr euch vergebt, was ihr in anderen Leben getan habt, und die wunderbaren Dinge wertschätzt, die ihr in diesen Leben erreicht habt, löst ihr die Barrieren der Trennung auf. Damit kann sich eure Bewusstheit vollständig im Körper verankern. Diese vollständige Bewusstheit sagt: »Oh ja, ich hatte dieses Leben und jenes, und ich habe diese Rolle gespielt und jene. Und dabei habe ich all dies gelernt, dabei habe ich all dies entdeckt.« Das ist Integration.

Deshalb ist es so wichtig für euch zu wissen, wo ihr schwingt. Damit begebt ihr euch ans Steuer und hört auf, euch mit Autopilot zu bewegen. Euch eurer Schwingung bewusst zu sein bedeutet: Ihr bewegt euch nicht nur mit mehr Leichtigkeit und Anmut durch die Wirklichkeit, sondern könnt sie auch drastisch beeinflussen, indem ihr eure Schwingung ändert. Mit der höheren Schwingung verfügt ihr auch über mehr Potenzial.

Viele von euch möchten gerne Einzelheiten über ihre vergangenen Leben wissen, um sie zu integrieren. Ihr braucht dafür jedoch nicht eure vergangenen Leben anzuschauen. Schaut einfach auf das, was gerade in eurem Leben vor sich geht. Ihr braucht nichts über andere Leben zu wissen, um das zu verändern. Direkte Veränderung kann nur in diesem Moment geschehen.

Die Erinnerung an ein vergangenes Leben kann euch manchmal eine andere Sichtweise auf die Themen oder die Situationen geben, die in eurem jetzigen Leben aktuell sind. Dann könnt ihr sagen: »So habe ich das damals probiert, und das ist dabei herausgekommen. Und jetzt wiederhole ich dasselbe Muster.«

An viele Dinge werdet ihr euch auch nicht erinnern. Das hat verschiedene Gründe. Manchmal wäre es zu traumatisierend, oder all die vielen Einzelheiten würden euch nur verwirren, also sagt sich das Höhere Selbst: »Nein, das lassen wir jetzt mal. Konzentrieren wir uns auf das Jetzt.«

Ein »vergangenes« Leben ist ohnehin nicht wirklich vergangen; es findet gleichzeitig statt, da es, wie gesagt, keine Zeit gibt. Wenn ihr die Integration meistert, kann euch das in jenem Leben helfen. Angenommen, ihr erlebt in diesem anderen Leben Schuld, Scham oder Anklagen. Indem ihr lernt, diese Themen zu integrieren, teilt sich dieser Prozess holografisch euren anderen Leben mit. Euer Aspekt in diesem anderen Leben verfügt genau wie ihr über einen freien Willen und kann sich somit entscheiden, diese Informationen aufzunehmen und anzuwenden, und damit tiefere Heilung und Integration erfahren.

Hier kommt noch eine kleine Information für euch: Indem ihr lernt, Angst, Schuld- oder Schamgefühle zu integrieren, teilt sich dies auch eurer gesamten genetischen Abstammungslinie mit! Wie findet ihr das? Jeder von ihnen kann sich entscheiden, das herunterzuladen und daraus zu lernen, oder sie können es einfach ablegen.

Atmet tief durch …

Hier ist eure String-Theorie. Denkt an eine Harfe – jede Saite (engl. *string*) hat ihre eigene Schwingung, und ihr bewegt euch ständig zwischen diesen Saiten hin und her. Ihr bringt euch mit einer Version der Wahrheit in Einklang, die sich für euch am besten anfühlt und zu eurer gegenwärtigen Schwingung passt. Jede Weggabelung, jede Entscheidung kann euch auf eine andere Saite versetzen.

Wir haben das jetzt am Beispiel der Harfensaiten erklärt, doch in Wirklichkeit ist jeder Augenblick, den ihr erlebt, ein einzelner Fokussierungspunkt. Ihr verknüpft diese Momente miteinander, um euch die Illusion einer Zeitlinie oder »Saite« zu geben. Doch alle Augenblicke sind Jetzt-Momente. Sie sind nie vergangen oder zukünftig, sie geschehen alle gleichzeitig. Eure Erfahrung des Jetzt beruht auf einer persönlich und kollektiv abgestimmten Reihe von Umständen. Ihr wählt einen Fokussierungspunkt, eine Version des Jetzt, die ihr erfahren wollt, und projiziert euch in diesen Moment. Andere teilen diesen Moment mit euch, indem sie sich auf dieselbe Reihe abgestimmter kollektiver Umstände einstimmen.

Manche der hier mitgeteilten Informationen werden besonders gut zu eurer Erfahrung passen und andere weniger. Wir möchten euch ein Beispiel geben. Auf eurem Planeten machen viele eine direkte Erfahrung von Krieg und anderen höchst traumatischen Situationen. Ihr habt euch entschieden, in dem Jetzt-Moment zu sein, in welchem sich das Kollektiv auf dieses Geschehen geeinigt hat, aber in eurem persönlichen Leben habt ihr eine andere Resonanz gewählt. Deshalb erlebt ihr es nicht als unmittelbare, tagtägliche Erfahrung. Ihr wählt jedoch, in diesem Jetzt-Moment zu sein, weil er euch dienlich ist. Eure persönliche Erfahrung braucht dabei nicht in vollem Umfang an allen kollektiven Entscheidungen teilzunehmen.

Warum erzeugt ihr auf kollektiver Ebene traumatische Ereignisse? Weil nicht genug von euch wach genug sind, um das zu ändern. Wenn sich ausreichend viele von euch auf der persönlichen Ebene für eine höhere Frequenz entschieden haben, erzeugt ihr eine Grundschwingung, die es der Gemeinschaft erleichtert, sich diese Informationen anzueignen und etwas zu verändern.

Wie uns klar ist, kann der Verstand das nur schwer begreifen, aber so ist er eben. Seine Aufgabe besteht darin, Dinge herauszufiltern. Je mehr ihr eure Schwingung erhöht, desto mehr werdet ihr anfangen, das zu verstehen. Ihr braucht letztlich nicht zu wissen, dass ihr euch von einem Jetzt-Moment zum nächsten bewegt. Seid euch einfach eurer Vorwärtsbewegung bewusst und entscheidet euch dabei immer wieder für euer Potenzial. Und wisst: Die Vergangenheit ist genauso flexibel wie die Zukunft. Ihr könnt eure Erfahrungen verändern.

Atmet tief durch ...

Manche von euch denken jetzt: »Hm, wenn alles eine Illusion ist und nicht wirklich existiert, vielleicht kann ich dann eine Situation einfach leugnen, dann wird sie sich einfach auflösen.« Tut uns leid, aber so funktioniert das nicht. Das ist ein ausschließendes und auf Angst beruhendes Denken. Wenn ihr euch nur auf den positiven Aspekt einer Sache konzentriert, um das Negative zu vermeiden, wird dadurch nur noch mehr Negatives erzeugt, weil ihr es damit verurteilt. Das verlangt dann nach Integration. Wenn ihr eine Schwingung nicht wahrnehmt, weil ihr sie verleugnen wollt, verschwindet sie dadurch nicht. Es bedeutet nur, dass euer Fokus nicht darauf liegt. Ihr wendet euch davon ab, aber ihr bewertet es trotzdem noch. Es geht darum, es einzubeziehen und zu akzeptieren. Bei dieser ganzen Erfahrung geht es um Integration.

Als multidimensionale Wesen inkarniert ihr gleichzeitig in vielen verschiedenen Dimensionen. Denkt daran, Zeit ist eine Illusion. Vergangenheit, Gegenwart und Zukunft sind eins. Ihr entscheidet euch vielleicht, euch jetzt gerade auf eine bestimmte Dimension zu konzentrieren, wie zum Beispiel 3-D, aber andere Aspekte von euch machen gerade Erfahrungen der sechsten oder achten Dimension.

Ihr seid nicht in die unteren Etagen der Hierarchie verbannt und müsst euch von dort hocharbeiten. Nochmals: Ihr seid ein Teil der Energie des Ursprungs, und eure verschiedenen Aspekte haben alle möglichen Erfahrungen.

Könnte dieses Leben genügen, um alle eure Aspekte zu integrieren? Alle werdet ihr nicht schaffen, aber viele, und das wird reichen, um eure Frequenz so anzuheben, dass ihr die dimensionale Grenze überqueren könnt. Aber es wird danach nicht vorbei sein. Es gibt auch in den höheren Bereichen noch viel zu erkunden und zu integrieren.

Wir haben es bereits gesagt: *Genießt* eure gegenwärtige Situation. Das ganze Spiel beruht auf eurem Vergessen. Daran habt ihr euch gehalten. Jetzt wirkt ihr durch das Herz statt durch den Verstand. Der Verstand hat die Trennung aufrechterhalten – das Herz erlaubt euch, Verbindung zu erfahren. Je mehr ihr eure Schwingung erhöht und je mehr Zeit ihr vom Herzen aus lebt, desto mehr lüften sich die Schleier. Ihr könnt nicht mit beiden Systemen gleichzeitig operieren, aber ihr könnt zwischen ihnen hin- und herschalten.

Aus unserer Sicht profitiert ihr in diesem Leben am meisten von Integration, weil ihr jetzt in die höheren Bereiche überwechseln wollt. Dazu müsst ihr alle eure Urteile loslassen. Wie bereits erwähnt, befindet ihr euch am Ende eines großen Zyklus und bewegt euch durch einen Bereich dichter Photonen-Energie, der diesen Übergang von einem Zyklus zum nächsten mit Wellen frischer Energie versorgt. Diese hoch schwingenden Lichtpartikel unterstützen euch darin, eure Frequenz zu erhöhen. Dadurch werden alle niedrigeren Frequenzen getriggert werden. Das gehört alles zum Prozess.

Abkommen und Eide umschreiben

Wir möchten euch jetzt eine einfache Affirmation geben, mit der ihr einige der Abkommen und Eide umschreiben könnt, die nicht mehr eurem höchsten Wohl dienen. Wiederholt mehrfach laut:

> »Ich, _ _ _ (dein Name), widerrufe und annulliere hiermit alle Versprechen und Abkommen, die nicht mehr im Einklang mit meinem höchsten Wohl sind. Ich schwöre allen Eiden und Versprechen ab, die mich daran hindern, mich mit der Energie der Quelle zu verbinden und mein göttliches Selbst zum Ausdruck zu bringen. So ist es.«

Ihr könnt das ab und zu wiederholen, weil ihr im Lauf der Zeit immer wieder neue Abkommen eingeht. Ihr löst damit nur Vereinbarungen auf, die nicht mehr eurem höchsten Wohl dienen. Keine Sorge, es ändert nichts an jenen, die ihr weiterhin beibehalten wollt. Euer Höheres Selbst weiß ohnehin, was mit alldem zu tun ist.

Heilung des Körpers

Euer Körper ist lediglich eine Schwingungssignatur, die in die physische Wirklichkeit hinein pulsiert und von ihr widergespiegelt wird. Euer Körper entsteht aus einer energetischen Vorlage, einer Art Schablone, die in eurer Aura gespeichert ist. Wenn ihr lernt, eure Schwingung zu ändern, könnt ihr auch eure körperliche Verfassung beeinflussen. Jede Änderung der Schablone spiegelt sich im physischen Körper wider.

Alle gesundheitlichen Probleme entstehen grundsätzlich, zu 100 Prozent, auf der energetischen Ebene. Selbst wenn ihr etwas Giftiges einatmet oder euch in einer giftigen Umgebung befindet, geschieht dies, weil ihr auf der Schwingungsebene damit in Resonanz seid. Wenn ihr es nicht wäret, würdet ihr entweder dem Gift nicht begegnen oder es könnte eurem Körper nichts anhaben. Begreift ihr das alles?

Ihr habt seit 2010 eine neue Ebene, eine neue Schablone in euer Energiefeld eingefügt. Sie ist die Vorlage für euren höherdimensionalen physischen Körper. Wenn ihr anfangt, in einer höheren Frequenz oder Dimension zu arbeiten, leitet ihr die höhere Schwingungsenergie auch durch euren Körper. Um diese neue Energie und die damit einhergehenden Veränderungen zu verarbeiten, braucht ihr eine neue energetische Vorlage.

Wir nennen 2011 das Jahr der Aktivierung. In dieser Zeit habt ihr angefangen, diese neue Energieebene stärker zu aktivieren. Ihr habt viele Namen für sie, unter anderem *Diamant-Lichtkörper* oder *Kristallkörper*. Das ist alles dasselbe.

Der Diamant ist ein Oktaeder, zwei an der Grundfläche miteinander verbundene vierseitige Pyramiden. Euer neues energetisches Gefährt hat diese Form, deshalb wird es Diamant-Lichtkörper genannt. Ein Diamant gilt als perfekter Kristall. Durch ihn habt ihr eine beständigere Verbindung mit der Quelle. Ist dieser Lichtkörper aktiviert, seid ihr im Einklang mit der Vollkommenheit.

Atmet tief durch ...

Wenn ihr im Lauf eures alltäglichen Lebens eure Frequenz erhöht, aktiviert ihr diesen Diamant-Lichtkörper. Das soll hier genügen.

Wir möchten euch auch ermutigen, mit eurem Körper zu reden. Er liebt das! Die meisten von euch sprechen ihren Körper nicht auf positive Weise an. Ihr sagt eher Dinge wie: »Ich bin dick, ich bin hässlich, ich bin zu klein, zu groß, zu krank« usw. Diese alten Programmierungen dienen euch nicht mehr. Euer Körper liebt es, von euch neue Anweisungen zu erhalten. Ihr könnt euch das so vorstellen: Jede eurer Zellen ist ein Teil eurer Gesamtheit und hat ein einzigartiges Bewusstsein. Gefällt es euch nicht auch, Wertschätzung und Anerkennung zu erfahren? Versucht einmal, ins Gespräch zu kommen. Folgt dabei eurer eigenen inneren Führung. Sie wird euch den Weg weisen.

Wir geben euch zwar Informationen, die euch auf eurer Reise unterstützen, aber ihr seid diejenigen, die diesen Aufstiegsprozess durchlaufen. Wenn ihr den Verstand zur Ruhe kommen lasst und nach innen geht, wisst ihr am besten, was gut für euch ist. Wir lernen von euch und eurer Erfahrung aus eurer Perspektive. Dieses Experiment, auf das ihr euch eingelassen habt, wurde so noch nie durchgeführt! Wir bringen dem, was ihr tut, großen Respekt und viel Wertschätzung entgegen.

Welche Art von Ernährung ist empfehlenswert?

Wir freuen uns, mit euch über Ernährung, Gesundheit und Wohlbefinden sprechen zu können, denn ihr werdet zurzeit mit so vielen Meinungen zu diesem Thema bombardiert. Unserer Meinung nach gibt es keine Ernährungsweise für alle; dieses Thema muss man individuell angehen. Es geht dabei letztlich um das Energieniveau und die Frequenz.

Es ist wichtig, zu verstehen, dass ihr *reine Energie* seid. Ihr besteht aus Licht und Schwingung.

Wenn wir über Ernährung und Gesundheit sprechen, können wir das Thema auf zwei Ebenen angehen. Das erste ist die körperliche Ebene, doch die bringt uns nur bis zu einem gewissen Punkt. Das zweite ist die energetische Perspektive. Wir möchten mit der körperlichen Ebene beginnen und danach auf die energetische Ebene eingehen.

Was die Art und die Qualität eurer Nahrungsmittel betrifft – biologisch oder konventionell angebaut, roh oder gekocht, mit tierischen Produkten oder vegan –, so kommt das ganz auf das Individuum an. Idealerweise solltet ihr frisches, biologisch angebautes Obst und Gemüse und Produkte von liebevoll gehaltenen Tieren zu euch nehmen. Manche von euch haben jedoch gesehen, wie die Tiere auf eurem Planeten abgeschlachtet werden, und meinen, man sollte unter allen Umständen auf alle tierischen Produkte verzichten. Nun, wir sagen euch, diese Haltung beruht oft auf Bewertungen. Manche von euch werden in diesem Punkt anderer Meinung sein, und das ist in Ordnung. Wir bieten euch nur eine weitere Sichtweise an.

Auf einer rein körperlichen Ebene ist es für euch immer noch ab und zu notwendig, Fleisch zu euch zu nehmen. Ihr braucht die Proteine und Mineralien und auch manche der komplexen Molekülketten, die ihr nur aus tierischen Produkten aufnehmen könnt, um eure Zellstrukturen neu zu kalibrieren.

Unabhängig davon, ob ihr Pflanzen oder Fleisch esst, empfehlen wir euch, es mit Achtung vor der Natur zu tun. Seid euch der Kostbarkeit des Lebens bewusst, welches ihr zu euch nehmt, und dankt ihm für seine Existenz. Ihr nehmt die Lebenskraft eines anderen Bewusstseins auf. Aber darüber werden wir noch mehr sagen, wenn wir zu den energetischen Aspekten kommen.

Zu viel von irgendetwas ist ungesund, selbst bei gesunden Lebensmitteln. Es geht um Ausgewogenheit und Mäßigung. Darauf solltet ihr euch aus unserer Sicht konzentrieren.

Es gibt bei euch zurzeit viele genetisch modifizierte Lebensmittel auf dem Markt. Genetisch veränderte Nahrungsmittel verlieren nicht nur energetische Eigenschaften, sondern auch an Nährwert. Die energetische Resonanz könnt ihr beeinflussen, doch die verlorenen Nährstoffe könnt ihr nicht wieder beifügen. Das Beste ist, sich von einer Vielfalt natürlicher, unveränderter Nahrungsmittel zu ernähren, die in gutem Boden und ohne giftige Chemikalien erzeugt wurden. Wegen dieser energetischen Resonanz können abgepackte Vitamine und Mineralien die Ernährung mit hochwertigen Nahrungsmitteln nicht ersetzen. Die meisten angebotenen Vitamine und Mineralien haben durch die Extraktionsmethoden und das Verpacken ihren energetischen Aspekt verloren. Sie versorgen euch zwar auf körperlicher Ebene mit Energie, doch ihre Schwingung entspricht nicht der von Nahrungsmitteln, die aus natürlichem Saatgut mit Liebe herangezogen wurden.

Solltet ihr nur Kohlenhydrate oder nur Proteine essen? Natürlich nicht. Ein bisschen von allem, darum geht es. Ihr müsst auf euren Körper hören. Ihr werdet intuitiv wissen, welche Nährstoffe ihr braucht, und werdet euch zu den entsprechenden Nahrungsmitteln hingezogen fühlen.

Tiere verspüren einen Drang zu bestimmter Nahrung, wenn es ihnen nicht gut geht. Das gilt auch für euch. Doch heutzutage geht es beim Thema Diät immer nur um das Gewicht statt um eine gesunde Ernährung und Vitalität. Gewicht ist jedoch etwas ganz anderes als Gesundheit.

Es gibt verschiedene Gründe, warum Zellen Flüssigkeiten und andere biologische Stoffe einlagern. Es kann dabei um Schutz gehen oder um ein Ungleichgewicht in den Zellen. Die Zellen können vielleicht bestimmte Stoffe nicht freisetzen, weil ihnen bestimmte chemische Verbindungen fehlen. Übergewicht kann neben übermäßigem Essen auf einer ganzen Reihe von Faktoren beruhen. Damit kommen wir zur emotionalen bzw. energetischen Komponente. Aus unserer Sicht ist sie von größter Bedeutung und hat einen stärkeren Einfluss auf eure Gesundheit als alles andere.

Manchmal ist es für euch nützlich, an einem gewissen Gewicht festzuhalten oder zu verhindern, dass sich der Körper reinigt, oder weniger hoch schwingende Nahrungsmittel zu euch zu nehmen. Vielleicht gibt es eine Überzeugung oder eine Emotion in euch, die dieses Szenario erzeugt. Es könnte zum Beispiel eine Überzeugung oder ein emotionales Problem zum Thema Sicherheit sein.

Wenn ihr unverfälschte Nahrungsmittel zu euch nehmt, kann der Körper Gifte ausscheiden und das Gewicht abbauen, welches euch davor schützt, diese Gefühle der Unsicherheit wahrzunehmen. Durch Entgiftung werdet ihr empfindsamer für Schwingungen. Falls ihr noch nicht bereit seid, euch diesen Überzeugungen und Emotionen zu stellen, werdet ihr euch weiterhin zu

Nahrungsmitteln und Essgewohnheiten hingezogen fühlen, die diese unterdrücken.

Solltet ihr emotional nicht bereit sein, das Thema loszulassen, kann es trotz bester Absichten sehr schwer für euch sein, gesunde Lebensgewohnheiten anzunehmen. Wenn ihr weniger wiegt, seid ihr mehr im Kontakt mit eurem Körper und euren Emotionen. Wenn ihr nicht bereit seid, damit umzugehen, werdet ihr wahrscheinlich nicht zulassen, dass euer Körper leichter wird. Ihr wollt damit nicht umgehen! In solchen Fällen geht es darum, hinzuschauen, was emotional vorgeht. Das muss nicht unbedingt mit Nahrung und Essgewohnheiten zu tun haben. Es kann mit allem Möglichen zu tun haben, mit euren Beziehungen oder eurer Wahrnehmung von euch selbst und dem, was ihr im Leben tut. Ihr könnt das nicht trennen. Auch das ist ein sehr wichtiger Punkt, den wir euch vermitteln möchten.

Falls das jetzt ein bisschen zu viel war, möchten wir noch einmal sicherstellen, dass wir uns deutlich ausgedrückt haben, denn es ist sehr wichtig für euch, das zu verstehen. Ihr zieht genau das an, was ihr braucht. Das ist das Gesetz der Anziehung. Wenn ihr bereit seid, vorwärtszugehen und ein emotionales Thema loszulassen, werdet ihr euch auch intuitiv gesünder ernähren. Ihr werdet anfangen, gesund zu essen, weil sich in eurem Denken oder Fühlen etwas geändert hat. Euer Körper wird anfangen, das loszulassen, woran er bis dahin festgehalten hat, und ihr könnt die Frequenz eurer Zellen erhöhen. Falls ihr das unbewusst tut, wird ein Teil von euch einfach sagen: »Weißt du was? Ich bin bereit, mich weiterzuentwickeln.« Ihr werdet anfangen, kleinere Portionen zu essen und gesündere Nahrung zu euch zu nehmen. Und ratet mal, was dann passiert? Dann zeigen sich Emotionen, damit ihr sie bewältigen könnt.

Ihr schwingt auf einer ganz bestimmten Schwingungsebene. Wenn ihr gesund und glücklich seid, schwingt ihr hoch. Falls in eurem Energiefeld negative Emotionen stecken oder euer Körper mit Giften belastet ist, schwingt ihr sehr viel niedriger.

Zu den vielen Besonderheiten dieses Planeten gehört die große Bandbreite an Lebensaspekten. Durch die vielen verschiedenen Pflanzenarten ist eure Nahrung ungeheuer vielfältig. Das gibt es selten auf Planeten. Jede Pflanze hat eine einzigartige Frequenz, die ihre heilkräftige Wirkung bestimmt.

Diese Vielfalt macht auch eure kulinarischen Experimente zu etwas ganz Besonderem. Wie wir gehört haben, schmeckt manches davon ganz wundervoll, zum Beispiel Eiscreme oder Kuchen.

Wenn ihr eurem Körper diese Dinge zuführt, sie euch »einverleibt«, braucht dieser zur Verarbeitung eine gewisse Energie. Ihr senkt damit also eure Frequenz. Aber wenn ihr diesen Dingen emotional stark verhaftet seid und ihr großes Verlangen nach diesem Genuss habt, ihn euch aber ständig versagt, kann die aufgestaute negative emotionale Energie sehr viel schädlicher sein, als wenn ihr Eiscreme oder Kuchen essen und die Gifte verarbeiten würdet. Es geht also darum, da einen gewissen Ausgleich zu finden. Es euch zu versagen bzw. allein die ständige Idee des Verzichts kann mehr Schaden anrichten als die Genussmittel selbst. Es ist wichtig für euch, das zu wissen und zu verstehen.

Dies ist nur ein Vorgeschmack dessen, was es mit eurer Ernährung auf sich hat. Wenn ihr anfangt, euch zu verändern und spirituell zu wachsen, werden sich die meisten von euch weniger zu tierischen Produkten hingezogen fühlen, da diese eine niedrigere Schwingung haben als Pflanzen. Die Art, wie die Tiere gelebt haben und gestorben sind, prägt sich in die Schwingung ihrer Moleküle ein. Ihr nehmt in gewisser Weise ihre Lebenserfahrungen auf. Das gehört zu den wenigen sehr innigen Verbindungen, die ihr mit der Erde und ihren Lebensrhythmen habt. Falls ihr Tiere esst, die gequält wurden oder auf traumatische Weise ums Leben kamen, nehmt ihr eine sehr viel niedrigere Schwingung zu euch, als wenn das Tier ein glückliches Leben gehabt hat.

Wir haben uns jetzt ein wenig im Kreis gedreht. So arbeiten wir gerne mit euch. Wir möchten verhindern, dass ihr zu linear denkt. Wir möchten euch anregen, multidimensional zu denken. Hoffentlich haben wir euch dabei nicht überfordert.

Als Letztes möchten wir noch darauf eingehen, wie ihr mit Nahrungsmitteln umgehen könnt, die genetisch verändert sind oder bei denen ihr euch nicht sicher seid, woher sie stammen. Ihr könnt die Schwingung der Nahrungsmittel ändern, indem ihr ihnen Energie, Liebe und gute Schwingungen schickt. Das löst die negative emotionale Komponente aus den physischen Zellen, und ihr nehmt sie dann nicht mehr in euren Körper auf. Darum geht es, wenn ihr eure Nahrung segnet. Indem ihr dafür dankt und ihr Energie und positive Gefühle von Liebe und Dankbarkeit zukommen lasst, könnt ihr die Struktur der zellulären Resonanz verwandeln. Um den Körper zu entlasten, könnt ihr das sowohl mit fester Nahrung als auch mit Wasser machen.

Guter Umgang mit Nachrichten, Kriegen, Tod und Zerstörung

Die Nachrichten

Aus unserer Sicht ist es für euch wichtig, euch eurer Umwelt bewusst zu sein, aber noch wichtiger ist es, euch bewusst zu sein, dass euch eure Umwelt zeigt, wo eure persönliche Schwingung ist. Was ihr an Ereignissen auf der kollektiven Ebene wahrnehmt, spiegelt wider, was auf mikrokosmischer Ebene in euch selbst los ist. Wie gesagt, ihr unterliegt den Gesetzen der Anziehung und der Spiegelung. Wenn etwas in keiner Weise mit euch im Einklang ist, werdet ihr wahrscheinlich nie davon hören, oder es wird euch nicht berühren.

Während ihr die Nachrichten seht oder lest, könnt ihr euch eurer Urteile und Bewertungen bewusst werden. Welche Gedanken, Gefühle und Emotionen werden durch die Geschichten ausgelöst? Sofern ihr euch verärgert, frustriert oder gar apathisch fühlt, bietet sich euch die Gelegenheit für innere Arbeit, um Ängste oder niedrig schwingende Gedanken loszulassen.

Nehmen wir an, ihr habt in den Nachrichten etwas über die Banker gelesen, und obwohl ihr nicht direkt involviert seid, verspürt ihr eine gewisse Erregung und Ärger. Ihr habt das Gefühl, keine Einflussmöglichkeiten zu haben. Wir würden dann fragen: Wo fühlt ihr euch sonst noch ohnmächtig? Wo spielt sich ein ähnliches Szenario in eurem Leben ab? Wo fühlt ihr euch als Opfer?

Dieses Spiel wird garantiert in etlichen Bereichen eures Lebens stattfinden. Eure Reaktion auf die Geschichte ist ein Hinweis darauf, dass ihr diese Programme in euch habt. Indem ihr euch dessen bewusst werdet, könnt ihr diese Frequenzen identifizieren und integrieren. Überlegt genau, wie euch die dahintersteckende Überzeugung dient. Habt ihr ein Muster erkannt, könnt ihr es ändern. Vielleicht war es für euch zu einem anderen Zeitpunkt eures Lebens nützlich und hat euch Sicherheit gegeben, aber jetzt ist es vielleicht nicht mehr sinnvoll für euch. Falls dem so ist, seid ihr dann bereit, es loszulassen?

Mit diesem bewussten Reflektieren holt ihr euch aus dem Autopiloten-Modus heraus und setzt euch ans Steuer. Wenn ihr bei Gedanken, Mustern oder Überzeugungen erkennt, wie sie euch dienen, verlasst ihr die Opfer/Täter-Mentalität und begebt euch auf die Bewusstseinsebene der Mitschöpfer. Dabei lasst ihr alle Anhaftungen und Verurteilungen los. Das geht unmittelbar damit einher. Nur im Täter/Opfer-Denken wird verurteilt. Auf der Mitschöpfer-Ebene gibt es nur Erfahrungen, die alle gleichermaßen annehmbar sind. Es ist nicht besser, die eine zu haben als die andere. Als Mitschöpfer sucht ihr euch alle diese verschiedenen Frequenzen und Rollen aus und durchlebt sie.

Die Nachrichten bieten auch Gelegenheit, die Schwingung des kollektiven Bewusstseins zu erkennen. Ihr seid, wie gesagt, nicht daran gebunden, diese kollektiven Frequenzen auszuagieren. Ihr könnt eure eigene Schwingung halten. Aber solange ihr irgendeine Form von emotionaler Ladung spürt, habt ihr noch innere Arbeit zu erledigen. Ihr seid keine Opfer!

Denkt daran: Indem ihr eure Frequenz ändert, übertragt ihr die Information darüber, wie ihr das gemacht habt, holografisch auf das kollektive Bewusstsein. Diese Information steht dann anderen zur Verfügung. Ihr helft damit Menschen, die sich abmühen, und versichert ihnen einfach durch euer lebendiges Beispiel, dass es möglich ist, sich zu ändern.

Ein wichtiges Thema der Nachrichten hat mit der Vorstellung von Konkurrenz zu tun. Aus der Sicht der dritten Dimension ist etwas entweder dies oder das; es ist so oder so. Dieses Land gewinnt den Krieg, und jenes verliert ihn. Ihr lebt entweder im Wohlstand oder im Mangel. Solche Geschichten halten die Trennung aufrecht. Wir möchten euch ermutigen, zu verstehen, dass es nicht um »entweder … oder …« geht, sondern um »… und …«. Das Universum ist voll unendlicher Fülle, es gibt also keine Begrenzungen außer den selbst auferlegten. Ihr könnt eure eigenen Überzeugungen pflegen, ohne dass die anderen mitmachen müssen. Alle können gedeihen, alles kann gelingen.

Aus der Sicht der höheren Bewusstseinsschwingungen hat jeder die Möglichkeit zu gedeihen. Es gibt keine Opfer. Viele von euch sind frustriert, wenn sie uns das sagen hören. »Warum sollte jemand wählen, in Armut zu leben, in Krieg oder Hunger? Wie kann jemand solch eine Realität wählen?« Aus einem einfachen Grund: Weil er oder sie diese Schwingung erkunden möchte.

Respektiert diese Wesen göttlichen Lichts für ihre Entscheidung. Bewahrt für sie das Wissen, dass sie ihr Leben aus einer höheren Perspektive betrachten können. Ihr könnt ihnen auch Energie senden, in die ihr das Wissen um die Möglichkeit, die eigene Frequenz zu erhöhen und mehr Liebe zu erfahren, einprogrammiert.

Der Aufstieg ist nicht für alle notwendig. Wenn sich andere dagegen entscheiden, bindet euch das nicht an diese Realität. Ihr durchlebt diese Wirklichkeit, weil es *eure* Entscheidung ist. Wählt ihr, aus dem Täter/Opfer-Modus auszusteigen, könnt ihr unabhängig von den Entscheidungen des Kollektivs ein Leben voller Freude, Fülle und Ausdehnung erfahren.

Kriege, Tod und Zerstörung

Wir hören euch oft fragen: »Warum gibt es so viel Krieg und Tod in der Welt? Warum tun die Menschen nicht mehr dafür, dem ein Ende zu bereiten?« Auch hier kommt das Spiel des Abstiegs und des Wiederaufstiegs sowie der Illusion der Trennung zum Tragen.

Vieles von dem, was in den Nachrichten gezeigt wird, ist künstlich. Euch werden Geschichten erzählt, die oft nicht die ganze Wahrheit enthalten. Wie bereits gesagt, ist die Wahrheit immer von der jeweiligen Sichtweise gefärbt. Das gibt euch Gelegenheit, euer Unterscheidungsvermögen zu nutzen. Ihr könnt euch fragen: »Ist diese Wahrheit stimmig für mich?« Falls ihr diese Frage mit Nein beantwortet, könnt ihr anfangen, das zu verbalisieren – nicht um der Konfrontation willen, sondern um euer Verlangen nach einer höher schwingenden Wirklichkeit zum Ausdruck zu bringen. Ihr müsst nicht gegen eure Regierungen ins Feld ziehen. Ihr braucht nur euer Verlangen nach Frieden mitzuteilen. Wenn ihr dies im Fokus behaltet und euer Verhalten im Einklang mit diesem höheren Verlangen ist, wird sich das in eurer Wirklichkeit widerspiegeln. Alles, wogegen ihr kämpfen oder was ihr vernichten wollt, verurteilt ihr. Was ihr verurteilt, wird euch weiterhin gespiegelt werden, damit ihr es euch bewusst machen und integrieren könnt.

Oberflächlich betrachtet scheinen viele von euch der Situation der Welt abgestumpft und teilnahmslos gegenüberzustehen, weil sie ihre Herzzentren verschlossen haben. Dahinter stecken in der Regel Angst, Verletztheit, Schuld und Scham sowie ein großer Mangel an Selbstliebe. Wenn dieser Teil von euch verschlossen ist, fällt es euch sehr schwer, mitfühlend zu sein.

Im Hinblick auf den Tod solltet ihr wissen, dass jeder, der den Todeszyklus durchlaufen hat, dies willentlich tat. Jeder einzelne Mensch, der auf diesem Planeten gestorben ist, hat genau das getan, was er in diesem Leben tun wollte. Das garantieren wir euch. Wenn er etwas anderes hätte tun wollen, hätte er es getan.

Wie jemand durch den Todeszyklus geht, wie jemand stirbt, wirkt sich nicht nur auf die Schwingung der Erfahrung für ihn selbst, sondern auch für die Menschen in seiner Umgebung aus.

Nehmen wir ein Beispiel. Ein 90-jähriger Mann stirbt im Schlaf. Dann sagt ihr vielleicht alle: »Ja, so ist es gut, er hat ein langes, gutes Leben gehabt.« Aber wenn jemand im Alter von 20 Jahren stirbt, sagt ihr womöglich: »Oh, sie war viel zu jung! Das ist nicht richtig!«

Die Wahrnehmungen und Urteile in Bezug auf das Alter und die Art des Todes haben für die Hinterbliebenen einen großen Einfluss auf ihre Erfahrung. Wenn ein geliebter Mensch ermordet wird, kann das ein Programm der Rache oder der Angst um die eigene Sicherheit auslösen. Suizide können zu Gefühlen von Verlassenheit oder Schuld führen. Selbst im Tod seid ihr mit anderen als Mitschöpfer tätig.

Wir sagen immer, Drama entsteht, wenn ihr nicht darauf achtet, wo eure Aufmerksamkeit ist. Wenn viele Menschen in einem Krieg oder einer Katastrophe umkommen, kann man das als Tragödie betrachten, aber auch als ein Geschenk an die Gemeinschaft. Diejenigen, die den Tod gewählt haben, sind nicht nur um ihrer eigenen Erfahrung willen auf diese Weise und in so großer Zahl von euch gegangen, sondern auch, um das kollektive Bewusstsein auf etwas aufmerksam zu machen. Es ist eine Chance, eine neue

Schwingung zu wählen, Ängste und Anhaftungen loszulassen und sich auf eine höhere Frequenz einzuschwingen.

Leider nehmen die meisten diese Chance nicht wahr. Die allgemeine Tendenz geht dahin, anzuklagen. Wenn ihr die Situation als etwas Nützliches betrachtet, bringt euch das automatisch in euer Herzzentrum und ermöglicht euch, in eurem eigenen Feld ähnliche Schwingungen zu verarbeiten. Wir möchten euch ermutigen, euch einige der derzeitigen Kriege oder Katastrophen genauer zu betrachten und euch zu fragen:

- Worum geht es bei diesem Ereignis wirklich?
- Geht es um Konkurrenz und Kontrolle? Sicherheit? Mangel? Vertrauen?
- Wo agiere ich diese Themen in meinem eigenen Leben aus?

Beginne mit der Klärung auf der persönlichen Ebene. Was ihr im Kollektiv wahrnehmt, ist, wie gesagt, auch in euch. Die persönliche Integration unterstützt die globalen Veränderungen, weil ihr das Szenario nicht mehr weiter fortschreibt.

Derzeit erzeugt das Kollektiv Kriege und Konflikte, um das zu bekommen, was andere haben, weil man fürchtet, es sei nicht genug da. Die Menschen glauben an Mangel und nicht an unendliche Fülle. Wenn ihr eure kollektive Schwingung erhöht, werdet ihr anfangen, in einen Zustand zu kommen, wo die Bedürfnisse aller berücksichtigt werden. Ohnehin wird euer Fokus dann nicht mehr auf der Erfüllung eurer persönlichen Bedürfnisse liegen, sondern darauf, wie ihr am besten dienen könnt. Aus dieser unendlichen Fülle heraus vertraut ihr auf die Berücksichtigung aller Bedürfnisse, ohne euch direkt auf sie zu konzentrieren. Im Moment könnt ihr euch das vielleicht nur schwer vorstellen, weil ihr auf diesem Planeten nicht auf bedingungslose Weise operiert. Wir sind, wie gesagt, hier, um euch eine andere Perspektive dahingehend zu vermitteln, wie ihr die Illusion auflösen könnt.

Wir bieten euch eine ganz einfache Affirmation an:

»Mitten im Chaos stehe ich voller Frieden.«

Ihr könnt eure eigene Erfahrung erzeugen, unabhängig davon, was im Kollektiv vor sich geht. In Kriegszeiten könnt ihr in eurem persönlichen Leben in großem Frieden leben. In Zeiten ökonomischer Unsicherheit könnt ihr unendliche Fülle erzeugen. Ihr könnt ganz aus euch selbst heraus Liebe, Wohlstand, Verbindung, Leidenschaft und Begeisterung erfahren. Wenn ihr diese Schwingungen in euch haltet, werdet ihr zum Vorbild für viele, die das nicht aus sich selbst heraus finden können.

Indem ihr große Liebe und Freude ausstrahlt, werden andere Menschen ihre Frequenz ebenfalls erhöhen und sich euch anschließen. Aber wie gesagt, sie müssen das nicht tun. Die Vorstellung, alle müssten jetzt ihre Frequenz erhöhen, entsteht aus Bewertungen und der Idee der Konkurrenz. Möglicherweise tragt ihr den ängstlichen Gedanken in euch, diejenigen, die ihre Schwingung erhöhen, seien besser als jene, die es nicht tun, oder ihr könntet nicht in Freude und Liebe leben, wenn es andere nicht tun. Das stimmt nicht.

Seid ein lebendiges Beispiel.

Die Liebe deines Lebens bist … du

All eure Beziehungen beruhen auf Selbstliebe, die dann in diesen Beziehungen zu euch zurückgespiegelt wird. Wir halten den Mangel an Selbstliebe derzeit für das Hauptproblem auf diesem Planeten, dicht gefolgt von Verfolgung. Wir möchten diesen Punkt hier ganz klar darstellen: Nicht eure Beziehungen zu anderen, sondern vor allem eure Beziehung zu euch selbst ermöglicht euch mehr Liebe, Freude, Glück, Fülle, Gesundheit und Lebendigkeit. Das ist ein zentrales Thema für euch, und wir möchten euch helfen, da eure Perspektive zu verändern.

Es gibt viele Programme, die das Massenbewusstsein in einem Mangel an Selbstliebe gefangen halten. Manche davon möchten wir hier erwähnen.

Das Erste, was wir schwierig finden, weil es zum Eindruck des Versagens und der Getrenntheit verleitet, ist die Vorstellung von Seelenpartnern und Zwillingsflammen. Wir behaupten nicht, es gebe sie nicht, aber solch eine Begegnung ist ein äußerst seltenes Ereignis. Auch wenn ihr euch dagegen entscheidet, mit einem Seelenpartner oder einer Zwillingsflamme zu arbeiten, spielt das keine Rolle, denn die Beziehungen zu diesen unterscheiden sich nicht von anderen Beziehungen, die ihr für euch erschafft. Ihr habt dieses Etikett zu einer Zeit erfunden, als ihr noch nicht mit so vielen Menschen in Kontakt treten konntet, wie ihr es heute durch eure Reisemöglichkeiten und das Internet könnt.

Die Idee von den Zwillingsflammen oder Seelenpartnern vermittelt euch die Vorstellung, es gebe nur eine Person, mit der ihr wirklich Liebe erfahren könnt, und wenn ihr dieser Person nicht begegnet, hättet ihr etwas verpasst. In diesem Leben geht es jedoch mehr als in jedem anderen um die Integration möglichst vieler Aspekte eurer selbst.

Eine Möglichkeit besteht darin, euch mit denjenigen auseinanderzusetzen, mit denen ihr aus anderen Leben unbewältigte Themen habt. Je mehr Beziehungen ihr habt, desto größer sind eure Chancen für Integration. Manche dieser Beziehungen können romantischer Art sein.

Es gibt in einer Beziehung ungefähr hundert Punkte, wo sich die Schwingung verbinden kann. In den meisten langfristigen Beziehungen sind etwa dreißig dieser Punkte verbunden. In kurzfristigen Beziehungen verwendet ihr oft nur zehn. In diesem Leben könnt ihr diese Themen ziemlich rasch bewältigen. Zu anderen Zeiten der Geschichte war die Schwingung sehr viel niedriger, und die Integration ging daher langsamer vonstatten. Ihr brauchtet damals sehr viel länger, um die niederen Programme zu erkennen, die in euch laufen, und konntet in einem Leben nur vier oder fünf große Themen bearbeiten. Die Beziehungen dauerten etwas länger, weil ihr länger brauchtet, um die Themen zu erkennen, und in der Regel nur eine kleine Gruppe von Menschen um euch hattet, die sie euch spiegelten. Durch den Photonengürtel habt ihr jedoch diesmal mehr universelle Unterstützung. Diese hochfrequenten Teilchen helfen euch, den Integrationsprozess zu beschleunigen und zu erweitern.

Wegen dieser Beschleunigung versucht ihr, so viel zu integrieren, wie ihr nur könnt. Bevor ihr inkarniert, schließt ihr gewissermaßen Verträge für potenzielle Beziehungen. Ihr seht zum Beispiel die Personen A, B und C als potenzielle romantische Partner vor. Falls A noch nicht bereit ist, habt ihr B als Ausweichmöglichkeit. Und wenn A und B nicht zur Verfügung stehen, macht ihr mit C weiter. Ihr habt diese Verträge geschlossen, weil das Timing in diesem Leben eine echte Herausforderung ist. Das Integrationspotenzial ist so viel größer, und damit verändert sich auch jeweils die Anziehung oder das Verlangen, sich mit bestimmten Individuen zu verbinden.

Viele von euch glauben, Verträge seien ewig bindend und schwer zu ändern. Sie sind jedoch im Gegenteil sehr anpassungsfähig. Ihr stellt sie euch »schwer« vor, als ob ihr eine wichtige Chance verpasst, wenn ihr nicht zu einer bestimmten Zeit an einem bestimmten Ort seid. Diese Sichtweise entsteht aus Angst, Mangel, Misstrauen und Getrenntheit. Ihr verpasst niemals endgültig eine Gelegenheit. Wenn ihr die Frequenz aussendet, wird sie euch zurückgespiegelt werden. Es hängt nur davon ab, ob ihr offen dafür seid, sie wahrzunehmen und zu empfangen. Die Form mag sich ein wenig von der letzten Gelegenheit unterscheiden, die ihr habt vorüberstreichen lassen, aber die Schwingung, die ihr erfahren wollt, wird dieselbe sein.

Das ist sehr wichtig, denn ihr konzentriert euch in Beziehungen oft auf eine bestimmte Person, statt offen dafür zu bleiben, mit welcher Form ihr die Erfahrung macht. Bleibt ihr für die Form offen, kann die Person auftauchen, die von der Schwingung her am besten zu euch passt. Unangenehm wird es nur, wenn ihr auf einer Person beharrt, die nicht der beste Schwingungspartner für euch ist. Anhaftung erzeugt immer Unbehagen.

Atmet einmal schön durch ...

Ihr habt mit vielen Individuen Vereinbarungen. Euer Wunsch, eurer Zwillingsflamme zu begegnen, ist da etwas störend. Ihr könnt mit praktisch jedem und allem erstaunliche, wundervolle Verbindungen erleben, wenn ihr Programme der Selbstliebe aktiviert. Je mehr ihr euch mit dem Ursprung verbindet, desto mehr Liebe werdet ihr für euch selbst und andere empfinden.

Viele von euch fürchten, sich in der Verbindung mit anderen auch mit deren Störungen zu verbinden. Doch wenn ihr eure Frequenz erhöht und euch mehr mit der Quelle in Einklang bringt, beginnt ihr, euch mit eurem eigenen göttlichen Selbst und – in der Spiegelung – auch mit dem Göttlichen in anderen zu verbinden. Dann wird sich jede eurer Beziehungen wie eine Liebesbeziehung anfühlen. Es braucht nicht schwierig zu sein. Es muss kein Kampf sein. Die Schwierigkeiten und Kämpfe stammen aus den Angst-Programmen, und diese sind alle illusionär. Je präsenter ihr seid, desto mehr könnt ihr diese Programme erkennen und euch entscheiden, nicht darüber zu urteilen. Ihr werdet verändern können, was ihr aussendet, und damit auch eure Beziehungen dramatisch verändern.

Ihr neigt alle dazu, in euren Liebesbeziehungen auf Erinnerungen aus der Vergangenheit zurückzugreifen und anzunehmen, dieser Moment würde so sein wie jener vorige. Damit wiederholt ihr die alten Muster. Ihr bezieht euch auf eure vergangenen Erfahrungen, anstatt einfach präsent zu sein und diesen Moment als neu und einzigartig wahrzunehmen. Ihr sagt euch: »Dies ist mir in der Vergangenheit widerfahren und es wird mir wieder so ergehen.« Wie viele von euch haben das schon gedacht?

Wenn ihr die Beziehung zu euch selbst verändert, eure alten Programmierungen, dann ändern sich auch eure Beziehungen zu anderen. Die anderen brauchen ihr Verhalten nicht zu verändern, damit ihr die Dynamik der Beziehung ändern könnt. Das gilt für alle Beziehungen, zu Verwandten, Kollegen, Liebespartnern, Freunden. Gleich und gleich gesellt sich gern.

Wenn ihr eure Programmierung ändert, werden andere in eurem Umfeld, die noch nach den alten Programmen funktionieren, sie nicht mehr mit euch ausagieren können. Sie tun das vielleicht weiterhin mit anderen, aber nicht mit euch. Nur wo sich die Schwingungen gegenseitig anziehen, entsteht gemeinsame Schöpfung.

Im Moment begebt ihr euch in eine Zeit der Formenschöpfung, wie ihr sie noch nie erlebt habt. Wir ermutigen euch, euch auf Schwingungen wie Freude, Fülle, Selbstliebe, Harmonie und dergleichen zu konzentrieren. Es geht um die Essenz der Schöpfung, nicht darum, wie es aussehen sollte. Indem ihr euch mehr auf die Schwingung als auf die Form konzentriert, entlastet ihr euch von den Erwartungen und dem Verlangen nach äußerer Verbindung, von jener Suche nach eurer »besseren Hälfte«, durch die ihr hofft, vollständig zu werden!

Dies ist sehr stark in eurer Sozialstruktur verankert, und Frauen tun sich damit aufgrund ihrer Konditionierung besonders schwer. Warum? Die letzten paar Tausend Jahre wurden Frauen darauf konditioniert, ihren einzigen Wert in ihrer Rolle als Gattin und Mutter zu sehen. Frauen sollten nach nichts anderem streben. Diese Überzeugungen führen bei Frauen dazu, sich für minderwertig oder irgendwie verkehrt zu halten, wenn sie nicht in einer Beziehung sind. Deshalb ist Selbstliebe so wichtig.

Bei Männern ist die Konditionierung etwas anders. Der Wert liegt hier auf Geld und Arbeit. Wenn es an Geld mangelt oder jemand arbeitslos ist, tauchen Selbstwert-Themen auf. Allgemein ausgedrückt geht es für Männer um Greifbares und für Frauen um emotionale Verbindungen. Frauen verfangen sich in der Vorstellung, eine Beziehung zu wollen, und Männer tun sich schwer damit, Gefühle auszudrücken, da sie oft seit ihrer Kindheit gelernt haben, sie zu unterdrücken.

Atmet einmal schön tief durch ...

Selbstliebe ist etwas, das ihr bereits in euch tragt. Es ist nichts, was ihr euch erst aneignen müsstet. Ihr braucht nur die illusionären Programme und Filter aufzulösen, die euch daran hindern, mehr Selbstliebe zu erfahren. Was euch in euren Beziehungen gespiegelt wird, zeigt euch, welche Programme ihr noch zu integrieren habt.

Im physischen Körper zeigt sich Selbstliebe in strahlender Gesundheit. Wenn ihr euch selbst liebt, versorgt ihr euch mit Quellen-Energie. Die Zellen können gesund und vital bleiben, weil sie hochfrequente Energie erhalten. Der physische Körper entsteht aus der energetischen Vorlage. Alle Beschwerden des physischen Körpers sind Anzeichen für niedrige Frequenzen in der energetischen Vorlage. Prüft auch die emotionale Ebene. Wenn ihr niedrige Emotionen wie Ängstlichkeit, Depression, Ärger oder Angst in euch tragt, mangelt es euch an Selbstliebe. Auf der mentalen Ebene sind negative Gedanken des inneren Kritikers wie »Ich bin nicht gut genug« oder »Das verdiene ich nicht« Anzeichen dafür, dass ihr nicht mit der Selbstliebe verbunden seid, die ihr in euch habt.

Seit 25 Jahren wird euch gesagt, dass es Zeit ist zu erwachen. Nun, wir möchten euch gerne zeigen, wie ihr das üben könnt. Es ist etwas, das es Tag für Tag, Stunde um Stunde, Minute für Minute und schließlich in jedem Augenblick zu praktizieren gilt.

Viele von euch werden Entschuldigungen dafür finden, nicht üben zu können. Aber seid ihr wirklich zu beschäftigt, euch selbst zu lieben? Die Theorie zu kennen, ist eine Sache, aber sie zu üben und in jedem Augenblick anzuwenden, ist eine andere. Üben bedeutet dabei einfach, euch in jedem Augenblick darüber klar zu sein, wie eure mentale, emotionale und körperliche Schwingung ist, und entsprechende Veränderungen vorzunehmen, Urteile loszulassen und mehr Liebe fließen zu lassen.

Ein weiterer Aspekt, den wir noch nicht angesprochen haben, ist das Halten der Schwingung. Wenn ihr Frequenzen aussendet, müsst ihr auch entsprechend schwingen, um sie in physischer Form empfangen zu können. Ihr könnt nicht hohe Frequenzen aussenden und sie empfangen, solange ihr niedriger schwingt. Ihr müsst im selben Schwingungsbereich sein. Wenn es zusammenpasst, werdet ihr erhalten, worum ihr gebeten habt. Und sollte sich das Erwünschte nicht einstellen, könnt ihr auch das als Geschenk betrachten. Das, was da ist, zeigt euch eure bewussten und unterbewussten Programmierungen. Je mehr ihr diese integriert, desto höher wird eure Schwingung, um zu dem zu passen, was ihr erschaffen wollt.

Um eure derzeitige Situation zu verändern, müsst ihr akzeptieren, wo ihr gerade steht. Indem ihr das, was ihr *nicht* wollt, zu verdrängen versucht, ladet ihr es nur noch stärker auf. Wenn ihr euch öffnet und die niedrige Frequenz anerkennt, ohne sie wegdrängen zu wollen, neutralisiert ihr die Ladung. Ihr steigt damit aus dem Täter/Opfer-Spiel aus. Sobald ihr das tut, ist das Thema erledigt.

Beziehungen

Viele von euch, die sich entschieden haben, in dieser Zeit zu erwachen, haben aus vielerlei Gründen auch die Wahl getroffen, in dieser Zeit keine langfristigen Beziehungen zu haben. Für viele war es wichtig, die eigene Identität zu finden und sich der eigenen Energie bewusst zu werden. So habt ihr euren Fokus auf euch selbst ausgerichtet. Wärt ihr in einer Beziehung, entstünde eine ganz andere Dynamik. Auf einem »klassischen« Lebensweg ist es einfacher, sich ins Massenbewusstsein mit all seinen Überzeugungen einzuklinken.

Wenn ihr eure Schwingung erhöht, werden manche der Programme der Isolation und des Vermeidens von intimen Beziehungen auslaufen. Durch die Erhöhung der Energien nach 2012 und die Aktivierung von 5-D ändern sich auch die entsprechenden Vereinbarungen.

Um die tiefen, sinnerfüllten Beziehungen zu leben, nach denen ihr euch sehnt, ist es sehr wichtig, an eurer Selbstliebe zu arbeiten. Um eine Beziehung zu erschaffen, die auf einem höheren Bewusstsein beruht, müsst ihr an der Integration eurer inneren männlichen und weiblichen Energien arbeiten. Auch dies erfordert zuerst und vor allem eine Verbindung zu euch selbst. Ihr habt da keine Wahl. Die Menschen um euch herum tragen nur zu eurer physischen Erfahrung bei. Sie vervollständigen sie nicht. Sie definieren sie nicht. Die Verbindung, nach der ihr euch sehnt, ist die Verbindung mit der Energie der Quelle, des Ursprungs, und um diese zu erfahren, müsst ihr euch zunächst mit euch selbst verbinden.

In intimen Beziehungen seid ihr im Allgemeinen offener, und diese Offenheit und Bereitschaft, Liebe zu fühlen, bringt euch der Energie der Quelle näher. Dieses wundervolle Gefühl der Seligkeit und Liebe entsteht nicht durch die andere Person. Es stammt aus euch selbst! Da staunt ihr, was? Ihr fühlt mehr Energie der Quelle, weil ihr bereit seid, euch zu öffnen. Und wenn die Beziehung endet, meint ihr, nie wieder diese Seligkeit spüren zu können.

Ist es möglich, diese Energie auch durch Selbstliebe und Offenheit zu empfangen? Könnt ihr diese Seligkeit auch ohne Partner oder Partnerin erleben? Absolut! Ihr werdet diese Gefühle nicht nur gegenüber einem Partner oder einer Partnerin erfahren, sondern jedem und allem gegenüber.

Unsere Aufgabe ist es, euch zu helfen, diese Selbstliebe zu finden. Beginnt mit einem Brief an euch selbst, in dem ihr beschreibt, was ihr an euch schätzt, eure Eigenschaften, eure Qualitäten. Würdet ihr euch scheuen, jemandem, den ihr liebt, eure Wahrnehmung von ihm mitzuteilen? Warum dann nicht auch euch selbst?

Richtet euren Fokus auf diese Wertschätzung eurer Qualitäten. Diese Qualitäten sind in eurem Energiefeld, und je mehr ihr sie schätzt, desto stärker werden sie. Ihr braucht sie nur in eurem Körper zu spüren, anstatt euch von eurem inneren Kritiker erzählen zu lassen, ihr wäret nicht liebenswert, nicht gut genug, nicht klug genug und dergleichen. Wenn ihr innehaltet und eure Energie auf das richtet, was ihr schätzt, wird sich das in eurem Leben verstärken. Vor allem wird euer innerer Kritiker weniger Zeit haben, euch negative Gedanken einzuflüstern.

Schon nach einer Woche werdet ihr merken, wie sich eure Interaktionen mit anderen Menschen verändern, denn sie werden eure Selbstliebe widerspiegeln.

Angenommen, eine eurer Qualitäten ist Friedfertigkeit, dann werden die Leute zu euch Dinge sagen wie: »Ich fühle mich in deiner Gegenwart so friedlich und ruhig«, oder ihr seht, wie unruhige Menschen im Kontakt mit euch friedvoller werden. Wenn zu euren Qualitäten gehört, ein liebevoller Mensch zu sein, werdet ihr mehr Gelegenheiten zu liebevollem Verhalten bemerken und mehr liebevolle Menschen in eurem Umfeld finden, weil das eurem Fokus entspricht.

Wir laden euch ein, auf 5-D-Art zu arbeiten anstatt auf 3-D-Art. Ein Teil des menschlichen Geistes wird erst freigesetzt werden, wenn das Bewusstsein dafür da ist. Sobald es so weit ist, könnt ihr ihn loslassen, wenn ihr wollt. Das gehört zur Struktur des Spiels, die ihr euch errichtet habt. Es gehört zum 3-D-Modell. In der fünften Dimension ist die Schöpfung im Einklang mit der Schwingung. Dann bringt ihr euch einfach mit der Essenz dessen, was ihr euch wünscht, in Einklang.

Das ist, zumindest zum Teil, wo wir euch hinführen: die Eigenschaften, die ihr euch wünscht und die ihr an euch schätzt, zum Vorschein zu bringen. Es wird euch helfen, weniger auf das zu schauen, was ihr *nicht* wollt. Weil ihr eure Frequenz erhöht habt, seid ihr nun fähig, die innere Technologie der 5-D-Schöpfung zu aktivieren.

Wir werden euch durch diese innere Technologie der Schöpfung leiten.

- Denkt zuerst an etwas, was ihr gerne erschaffen möchtet.
- Was ist die Essenz davon? Wie ist die Schwingung? (Das heißt, wofür steht es auf der Schwingungsebene: für Freiheit, Freude, Erregung, Stabilität?)
- Stellt euch dann vor, euch mit dieser Frequenz körperlich in Einklang zu bringen. Ihr braucht nicht über das Wann und Wo nachzudenken. Seid einfach im Einklang mit der Essenz dessen, was ihr euch wünscht.

Dieses Schöpfungsmodell ist sehr viel einfacher, weil ihr mit Schwingung arbeitet und nicht mit dem mentalen Bild einer Form. Denkt daran, ihr seid Schwingungswesen. In 5-D lasst ihr die mentale Komponente einfach weg. Wenn ihr also in eurem Leben Veränderungen bewirken wollt, raten wir euch, direkt an dieser Stelle damit zu beginnen. Schreibt euch selbst einen Liebesbrief und schaut, was passiert.

Das ist unsere kleine Herausforderung für euch: Verbringt die nächsten sieben Tage jeden Morgen zehn Minuten damit, euch selbst einen Liebesbrief zu schreiben. Und konzentriert euch dann auf die Schwingung eurer darin beschriebenen Eigenschaften.

Wenn ihr dabei Widerstand spürt, könnt ihr auf das 3-D-Modell des Visualisierens der Form zurückgreifen. Wenn ihr merkt, ihr wollt euch selbst keinen Liebesbrief schreiben, könnt ihr euch fragen, warum. Wollt ihr vermeiden, mehr Kraft und Liebe zu erfahren? Geht es um Kontrolle? Der Ursprung eures Widerstands wird euch zeigen, welche niedrig schwingenden Programme ihr laufen habt.

Der natürliche Fluss der Dinge strömt zur Quelle hin, zum Ursprung. Ist etwas schwierig, verweist dies auf einen Widerstand. Im göttlichen Fluss ist alles einfach und leicht.

Verpflichtungen

Nun möchten wir euch bitten, fünf Verpflichtungen aufzulisten, die ihr habt.

Ihr fühlt euch zum Beispiel vielleicht verpflichtet, jeden Tag eure Eltern anzurufen oder einmal die Woche mit einer bestimmten Freundin zu Mittag essen. Es kann etwas in der Gegenwart, in der Vergangenheit oder in der Zukunft sein.

Wenn ihr eure Liste fertig habt, laden wir euch ein zu erwägen, diese Verpflichtung abzulehnen. Falls ihr etwas aus Verpflichtung tut, raten wir euch, es entweder nicht zu tun oder eure Sicht auf diese Tätigkeit zu ändern. Wenn ihr euch einverstanden erklärt, etwas zu tun, und die dahinterstehende Absicht eine niedrige Frequenz hat, deutet das auf einen Widerstand hin oder es macht euch unglücklich. Auf jeden Fall führt es zu einer niedrig schwingenden Erfahrung.

Nehmen wir das Beispiel des Mittagessens mit der Freundin. Falls ihr aus irgendeinem Grund nicht hingehen wollt, sagt es doch einfach ab oder ändert eure Perspektive, indem ihr euch bewusst macht, was ihr an dieser Person und/oder eurer Verabredung mit ihr schätzt. Die Schwingung des Ergebnisses und eurer Erfahrung ändert sich dadurch dramatisch.

Das hat sehr viel mit Selbstliebe zu tun. Ihr braucht so viel Energie, etwas zu tun, was ihr nicht tun wollt, und es hindert euch daran, gut für euch selbst zu sorgen. Es ist Teil eurer Konditionierung, vor allem bei Frauen. Ihr meint, ihr müsstet immer geben, geben, geben, und am Ende seid ihr energetisch bankrott.

Es ist also sehr wichtig, euch der Verpflichtungen bewusst zu sein, die ihr euch auferlegt habt. Wenn ihr etwas tut, was ihr eigentlich nicht tun wollt, ist das eine Missachtung eurer selbst. Dazu gehören nicht nur Verpflichtungen anderen gegenüber, sondern auch Verpflichtungen in Bezug auf euch selbst, wie zum Sport zu gehen, weil ihr meint, ihr solltet das tun. Ernährung ist dabei auch ein großes Thema, vor allem unter Vegetariern. Da gibt es viele Programmierungen der Überlegenheit, aber auch der Entbehrung. Respektiert euren Körper und seine Bedürfnisse.

Geld ist ein weiteres großes Thema. Geld ist nichts weiter als Energie. Macht ihr euch Sorgen um das Geld in eurem Leben und was es für euch bedeutet? Meistens solltet ihr euch auf das konzentrieren, was Geld für euch bedeutet. Steht es für Freiheit, Kreativität, Status oder Selbstwert? Und was versagt ihr euch und warum, falls es euch an Geld mangelt?

Da habt ihr es mit Angstprogrammen zu tun. Würdet ihr euch wirklich lieben und gut versorgen, könntet ihr euch die Erfahrung gönnen, in unendlicher Fülle zu leben, mitsamt dem Geld. Denkt einmal darüber nach.

Je mehr ihr euch selbst liebt, desto liebevoller könnt ihr mit allen und allem anderen sein. Wenn ihr es nicht tut, werdet ihr euch im Kreis drehen und erschöpfen. Es fällt euch nicht leicht, euch das anzuschauen, das wissen wir und zollen euch Anerkennung dafür.

Wir sind freudig erregt und möchten unsere Wertschätzung für eure Bereitschaft zeigen, nach innen zu schauen und zuallererst diese Selbstliebe zu finden, denn das ist der Punkt, von dem aus alles andere erschaffen wird.

Im Gespräch mit den Plejadiern der neunten Dimension

Das universelle Spiel – Nach 2012

In den Informationen zum großen Experiment sagt ihr, »wir stehen auch am Ende eines universellen Zyklus, und wenn an diesem Prozess der Integration das gesamte Universum teilhat, wird das Spiel aufgrund der dramatischen Veränderungen vorbei sein.«
Wenn ich das richtig verstanden habe, ging es in unserem 26.000-Jahres-Zyklus um unser Leben im Jetzt und den Prozess der Integration. Und bei dem universellen Spiel geht es darum, unsere anderen Leben durch dieses Leben zu transformieren.

◎ Müssten nicht alle Leben aller Wesen im Universum integriert werden, damit das Spiel vorbei ist, selbst wenn sie nie auf der Erde inkarniert waren?

Nicht ganz. Ihr Menschen denkt in endlichen Begriffen, und das Universum ist unendlich. Das Ende eines universellen Zyklus bedeutet einfach, dass ihr euren Fokus ändert und dem Spiel neue Regeln, neue Spieler oder neue Herausforderungen zufügt. Im kleineren Maßstab erlebt ihr das, wenn ihr nach eurer Astrologie von einem Tierkreiszeichen ins nächste überwechselt. Dabei erfahrt ihr eine bestimmte Sequenz von allgemeinen Tendenzen. Bei den universellen Zyklen ist das genauso.

Der menschliche Verstand fürchtet, mit dem Ende eines Zyklus könnte auch sein eigenes Ende verbunden sein, denn so erlebt ihr das Leben hier auf dem Planeten. Ihr meint, eure Existenz sei am Ende, wenn ihr sterbt, und ihr wendet diese Logik auch auf das universelle Spiel an. Weder das eine noch das andere funktioniert so. Ihr seid unendliche Wesen und werdet als solche euch immer weiter ausdehnen und zusammenziehen. Ihr hört niemals auf zu existieren.

Auf der Ebene des Ursprungs seid ihr alle integriert. Um einen Zyklus zu vollenden, müssen sich nicht alle Wesen überall ihres erweiterten Selbst bewusst sein. Ihr, die ihr hier auf der Erde lebt, spielt das Spiel des Abstiegs und Wiederaufstiegs. Mit eurem begrenzten, getrennten Selbstverständnis brauchtet ihr dafür das Verständnis, universelle Lichtwesen zu sein, die eine menschliche Erfahrung machen. Ihr brauchtet keine bewusste Wahrnehmung all dieser anderen Leben. Euer Ziel bestand darin, so viele Urteile und so viele Wahrnehmungen von Trennung wie möglich loszulassen, bis eure Schwingung hoch genug war, die Grenze zwischen den Dimensionen zu überschreiten. Das habt ihr geschafft.

Ihr lebt derzeit in der vierten Dimension, einem äußerst formbaren Bereich des Übergangs, in dem ihr sowohl die Regeln der dritten als auch die Regeln der fünften Dimension anwenden könnt. Die dimensionalen Strukturen der dritten und fünften Dimension folgen jeweils festen Regeln. Weil sie sich so sehr unterscheiden, brauchtet ihr eine ganze Dimension dazwischen, um diesen Übergang zu bewältigen. Die meisten von euch haben nicht bemerkt, dass ihr in einer anderen Dimension seid, und wenden immer noch die Regeln der dritten Dimension auf die Matrix der vierten Dimension an. Doch ihr beginnt auch, in der 4-D-Matrix mit den 5-D-Regeln zu spielen. Irgendwann werdet ihr dann bereit sein, euch ganz auf 5-D einzulassen. Das ist der Punkt, an dem ihr von der vierten in die fünfte Dimension überwechseln werdet.

Im Lauf dieses Aufstiegsprozesses ist jeder von euch in seinen eigenen Integrationsprozess eingetaucht, zu dem Mitgefühl und das Loslassen von Urteilen gehören. All dies geht in die universellen Aufzeichnungen ein, zu denen alle Wesen Zugang haben. Ihr könnt euch das ein wenig wie die Entdeckung eines neuen Wegs zu einem bestimmten Ziel vorstellen. Ihr könnt weiter die alte, gewundene, unbefestigte Schotterpiste nehmen, oder ihr könnt die neue, direkte, befestigte Straße nehmen. Ihr habt die Wahl, aber die meisten von euch werden sich wohl eher für die neue, direkte Route entscheiden. So ist es. Viele finden auch neue Zugänge zu Mitgefühl, die großen Einfluss auf ihre Sichtweise ihrer Erfahrungen haben.

Wenn etwas einmal gelernt ist, kann man nur noch schwerlich so tun, als wüsste man es nicht. Aber wir müssen zugeben, dass ihr alle ziemlich gut darin seid, es in 3-D anzupacken. Deshalb ist 3-D eine so besondere Dimension. Es ist die einzige, in der die Illusion der Trennung erfahren werden kann, die es euch ermöglicht, etwas zu »vergessen«. Aber ihr vergesst nie wirklich; ihr entscheidet euch nur, keinen Zugang zu bestimmten Dateien oder Erinnerungen zu haben.

Die einzigartige Erfahrung des Einzelnen kommt allen zugute, aber wenn genug von euch ähnliche Schwingungserfahrungen machen, wird das Signal dieser Signatur verstärkt, sodass es viele leicht empfangen können. Ihr könnt euch das wie ein Radiosignal vorstellen. Je weiter die Lautstärke aufgedreht ist, desto mehr Leute können hören, was gesendet wird. Je stärker das Signal, desto größer die Reichweite.

⑥ Welchen Einfluss hat das Ende unseres Zyklus auf die galaktische Gemeinschaft?

Am Ende eines universellen Zyklus haben alle Wesen die Gelegenheit, Themen abzuschließen, an denen sie gearbeitet haben. In den verschiedenen Systemen und Dimensionen laufen unterschiedliche Spiele. Indem die Erde aufsteigt und ihr weiterhin lernt und Urteilsfreiheit integriert, stehen diese Informationen auch anderen Bereichen eurer Galaxie zur Verfügung, die von eurer Erfahrung beim Abschluss dieses galaktischen Zyklus auf direkte Weise profitieren können. Da die Erde dieses große Experiment durchläuft, agiert ihr auf individueller und kollektiver, planetarischer Ebene viele der galaktischen Themen aus. Was manche von euch für eure galaktische Familie halten, sind andere Aspekte von euch, und indem ihr lernt, diese zu integrieren, haben andere Aspekte von euch auch Zugang zu diesen Informationen und können sie anwenden.

Wir wollen euch ein Beispiel geben. Im Sternensystem Lyra seid ihr vielleicht katzenartige Wesen und verurteilt andere, die nicht von eurer Art sind. Auf der Erde seid ihr vielleicht jemand, der nicht mehr über Wesen urteilt, die von anderer Rasse sind oder einem anderen Glauben anhängen. Diese Information wird all euren Aspekten übertragen. Auch euer katzenartiger Aspekt kann dann diese Erkenntnis anwenden. Vielleicht nimmt er andere Arten plötzlich auf neue, offenere Weise wahr, ohne sich je bewusst zu sein, dass es eine menschliche Version seiner selbst gibt, die das gemeinsame Feld mit Weisheit und Wissen versorgt hat.

Über das Verurteilen und das Vergeben

Urteile aufgeben und Vergeben sind zwei Wege des Loslassens. Nach meinem Verständnis ist vergeben jedoch nicht ganz dasselbe wie nicht urteilen. Wer vergibt, kann die Situation immer noch verurteilen. Vergebung kann helfen, sich von Ärger und Täuschungen zu befreien, aber die Bewertung der Situation ist immer noch da. Die Leute sagen oft: »Ich kann vergeben, aber ich kann nicht vergessen.«

Ist Vergebung der erste Schritt, um sich aus Verurteilungen zu lösen, oder ist sie eine ganz andere Energie?

Ihr operiert zurzeit unter dem Gesetz von Anziehung und Spiegelung. Als Teil der Konstruktion des 3-D-Spiels wusstet ihr, dass es durch die Begrenzung eurer Wahrnehmung schwierig sein würde, die Schwingung in euch selbst zu erkennen, deshalb wurden die Gesetze der Anziehung und der Spiegelung eingeführt. Eure Wirklichkeit und alles, was ihr wahrnehmt, ist ein Spiegel eurer Schwingung.

Ihr erzeugt 100 Prozent eurer Wirklichkeit in 100 Prozent eurer Zeit. Nicht nur manchmal. *Immer,* auf *allen* Ebenen, *alles,* was ihr »gut« und »schlecht« nennt. Keines von beiden existiert wirklich. Das sind einfach Schwingungserfahrungen. Sooft ihr euch als Täter oder Opfer empfindet, betrachtet ihr die Wirklichkeit durch das Betriebssystem eures Verstands. Der Verstand war als eine Konstruktion für die Wahrnehmung der Begrenztheit, der Trennung und der linearen Zeit gedacht. Anders ausgedrückt: Dort laufen eure Ego-Programme, die Filter, durch die ihr die

Wirklichkeit seht. Das Herz ist das Betriebssystem für das multidimensionale Selbst, in welchem ihr keine Ego-Programme oder Filter habt und die wahre Natur der Wirklichkeit als universelles Lichtwesen begreift, welches eine menschliche Erfahrung macht. Auf dieser Ebene seid ihr euch bewusst, dass es keine Zeit gibt, dass ihr mit allen und allem verbunden seid und eure Erfahrungen von euch selbst, anderen Bewusstseinsformen und der Quelle gemeinsam erschaffen werden. Das ist die wahre heilige Dreieinigkeit. Alles, was Form hat, ist bewusst. Mit-Schöpfung tritt also auch mit der Natur auf, mit Tieren oder anderen Wesen.

In dem dualistischen Universum, in dem ihr lebt, muss alles sein polares Gegenstück haben. Für jedes Opfer muss es also einen Täter geben. Ah, wir hören bereits, wie einige von euch fragen: »Wenn das Universum dualistisch ist, gibt es dann auch in 9-D Opfer und Täter?« Nein, wir haben uns dafür entschieden, unsere Polaritäten anders auszuagieren. Verschiedene Dimensionen haben unterschiedliche Konstruktionen. Von der fünften Dimension aufwärts betrachten wir uns nicht als von irgendjemandem oder irgendetwas getrennt. Das ist die Grundlage unseres Schaffens. Wir sind vielleicht nicht immer damit einverstanden, aber uns ist bewusst, dass die Wirklichkeit unser eigenes Produkt ist.

Wenn ihr euch noch als Opfer betrachtet, habt ihr nicht die volle Verantwortung für euren Anteil an der Schöpfung übernommen. Wenn ihr erkennt, wie euch das gemeinsam Erschaffene dient, was es euch lehrt und woran es euch erinnert, dann könnt ihr die Opferhaltung hinter euch lassen und wahrhaft vergeben und vergessen.

Wenn ihr nicht vergessen habt, habt ihr nicht vergeben. Aus unserer Sicht trifft das in etwa 99 Prozent der Fälle zu. Ihr bezieht euch immer noch auf eine Verletzung. Ihr betrachtet euch noch irgendwie als Opfer und bezieht euch auf dieses Ereignis. Wenn ihr wirklich vergeben habt, werdet ihr wahrscheinlich nicht mehr an die Situation denken, es sei denn, ihr begegnet derselben Frequenz und erinnert euch dann an den Moment, wo ihr das schon einmal erlebt habt. Und wenn es euch in eurer Wirklichkeit zurückgespiegelt wird, dann gibt es etwas in eurem Feld, was ihr festhaltet und aussendet und das diese Spiegelung erzeugt.

Wir möchten euch Folgendes sagen: Jedes Mal, wenn ihr nicht im gegenwärtigen Moment seid, befindet ihr euch im Betriebssystem des Verstands; das bedeutet, ihr seht die Dinge aus einer begrenzten, auf Angst beruhenden Perspektive. Wenn ihr ganz im gegenwärtigen Moment, im Jetzt engagiert seid, könnt ihr euch unmöglich auf die Vergangenheit beziehen. Und in dem Moment, wo ihr aus dem Jetzt geht, verlasst ihr auch das Betriebssystem des Herzens und geht zurück in das Betriebssystem des Verstands.

Diese Antwort gefällt, wie wir sehen, vielen von euch nicht, aber die wahre Natur der Dinge ist so. Es fühlt sich für euch bequemer und sicherer an, euch in die Illusion des Verstands zurückzuziehen, wo ihr nur teilweise oder gar keine Verantwortung übernehmt.

Also ja, echte Vergebung bedeutet, nicht zu urteilen. Punkt! Wenn ihr das Geschehen noch irgendwie verurteilt, habt ihr noch nicht wirklich vergeben.

Ihr könnt bei jeder Angst wählen, sie in Schichten zu verarbeiten. Die meisten von euch würde es überwältigen, allen wahrgenommenen Schmerz auf einmal an die Oberfläche zu bringen, deshalb holt ihr nur so viel ins Bewusstsein, wie ihr bewältigen könnt. Und wie verarbeitet ihr das? Wenn euch bewusst ist, dass ihr noch üble Gefühle in euch hegt, könnt ihr einfach schauen, was auf körperlicher, mentaler und emotionaler Ebene in euch vorgeht. Zieht sich euer Körper zusammen? Wenn ja, durch welche Gedanken oder Emotionen erhält der Körper das Signal dazu? Was geht auf der mentalen Ebene vor sich? Was sind eure Gedanken? Vielleicht sagt euer Verstand: »Du Närrin, das kannst du nicht vergeben! Es wäre leichtgläubig und naiv, das zu tun!« Wie fühlt ihr euch emotional? Unsicher? Ängstlich? Wenn ihr bei einem Thema oder einer Erfahrung irgendetwas anderes als vollkommenen Frieden in euch spürt, gilt es noch mehr innere Urteile aufzulösen oder zu integrieren. Dafür müsst ihr euch in euer Herzzentrum begeben. Es ist unmöglich, das vom Verstand aus loszulassen. Ihr mögt es auf der mentalen Ebene vergeben haben, aber ihr habt es vielleicht auf der emotionalen Ebene nicht bewältigt. Oder umgekehrt. Ihr müsst euch allen Ebenen zuwenden, um das Urteil vollständig aufzulösen.

Wenn ihr euch mit dem Vergeben schwertut, empfehlen wir euch, zu schauen, wo ihr dieselbe Frequenz in anderen Bereichen eures Lebens ausagiert. Garantiert spielt ihr sie auf vielfältige Weise durch. Oberflächlich mag die Situation anders aussehen, aber die grundlegenden Gedanken, Gefühle oder Emotionen sind dieselben. Wenn ihr das Urteil über eine Frequenz in einem Bereich eures Lebens integriert oder auflöst, löst es sich in allen anderen Bereichen auf.

Vielleicht habt ihr euch beispielsweise euer Leben lang damit schwergetan, euren Eltern ihre mangelnden pädagogischen Fähigkeiten zu vergeben, weil ihr euch damals so allein gelassen fühltet. Als Erwachsene erlebt ihr heute dieselbe Frequenz, nur aus einer anderen Perspektive. Vielleicht erhaltet ihr gerade nicht so viel Aufmerksamkeit und Unterstützung durch euren Chef. Weil das Thema des Alleingelassenwerdens dabei auf eine etwas andere Weise aktiviert wird, könnt ihr es aus einer anderen Perspektive betrachten. Ihr könnt erkennen, dass euer Chef nicht dazu da ist, euch an der Hand zu nehmen, also entscheidet ihr euch für eine selbstständige Haltung und trefft ein paar wichtige Entscheidungen selbst, damit ihr mit eurem Projekt weitermachen könnt. Dadurch erkennt ihr, dass ihr stärker seid, als ihr ursprünglich geglaubt habt. Dann verhaltet ihr euch nicht mehr eurer alten Überzeugung gemäß, sondern erkennt die Chance, eure Flügel auszubreiten. Indem ihr das Thema des Alleingelassenwerdens mit eurem Chef klärt, wird auch das Kindheitsthema mit den Eltern integriert. Wenn ihr jetzt an eure Eltern denkt, spürt ihr nicht mehr den Ärger oder Groll oder zumindest deutlich weniger als zuvor.

Wenn wir die Zeitlinie wechseln, kommen wir in völlig andere Umstände. Wir haben zwar an einem gewissen Punkt am allgemeinen Bewusstsein einer Version der Menschheit teil, aber jeder von uns macht auf seiner individuellen Zeitlinie unterschiedliche Erfahrungen.

◎ Habe ich das richtig verstanden, dass wir alle beschlossen haben, eine Weile dasselbe Spiel zu spielen und am selben Punkt zu sein, aber unterschiedliche Umstände zu erfahren?

Wenn wir über Zeit sprechen, ist es wichtig, dass ihr uns mehr vom Herzen her zuhört und weniger vom Kopf. Taucht das Thema der multidimensionalen Sichtweise der Zeit auf, geht ihr alle zuerst in den Kopf und dann aus dem Körper, weil es sich unangenehm anfühlt. Die Information lässt sich nicht mit dem logischen Verstand verarbeiten und passt nicht zu eurer Wahrnehmung der Wirklichkeit. Doch im Verstand werdet ihr die multidimensionale Perspektive nicht begreifen können. Der Verstand wurde dazu erschaffen, die multidimensionale Perspektive zu verdrängen. Sein Zweck besteht darin, euch die einzigartige Erfahrung der Getrenntheit und der linearen Zeit zu ermöglichen. Um das zu begreifen, müsst ihr in euer Herzzentrum gehen. Ihr könnt die Informationen, die wir euch vermitteln, wie ein Licht-Orb betrachten, welches vom Verstand ins Herz sinkt, und versuchen, sie dort zu verarbeiten. Vom Herzzentrum aus wird all das mehr Sinn ergeben. Vom Kopf aus bringt es nichts. Dann werdet ihr nur wie ein Hamster im Laufrad rennen und rennen, ohne von der Stelle zu kommen.

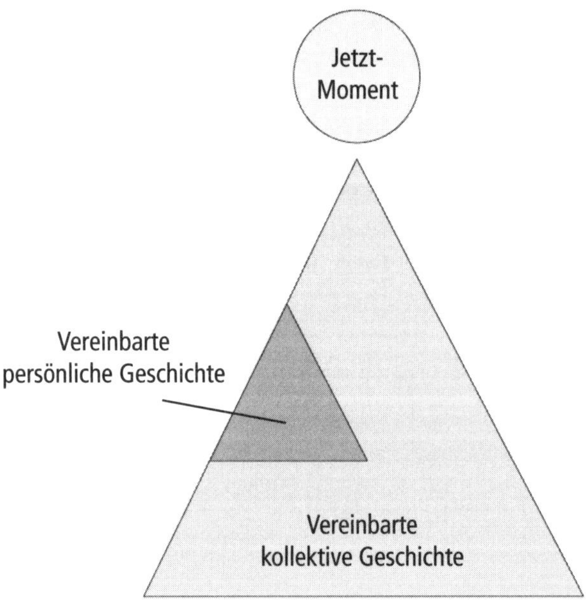

Die Illusion der Zeit gehört zu den wichtigsten Konzepten, die ihr begreifen müsst, um vorwärtszukommen. Denkt daran, unsere Erklärungen sind nicht die ganze Wahrheit, sondern nur eine Version der Wahrheit, die ihr derzeit begreifen könnt, denn ihr spielt immer noch in der Illusion der Zeit. Euch aus dieser Illusion hinauszubewegen und in die Realität der multidimensionalen Erfahrung zu kommen, ist ein unglaubliches Abenteuer, dem wir voller Spannung zusehen.

Ihr erlebt eine Reihe von Jetzt-Momenten und reiht sie zusammen, um die Illusion der linearen Zeit zu erzeugen. Jeder Jetzt-Moment beruht kollektiv und individuell auf einer abgestimmten Kombination von Umständen. Die Kombination von Umständen ist das, was ihr eure Vergangenheit nennt. Genau genommen sind es die Geschichten, die ihr entscheidet, euch zu erzählen, um darauf eure jetzige Version der Wirklichkeit aufzubauen.

Zum Beispiel seid ihr euch vielleicht derzeit kollektiv einig, dass sich der Zweite Weltkrieg ereignet hat. Jede derart abgestimmte Kombination von Umständen hat eine bestimmte Schwingungssignatur, und ihr wählt die Version, auf die ihr euch einstimmen möchtet, um bestimmte Schwingungserfahrungen zu machen.

Atmet einmal schön tief durch ...

Wie bereits erwähnt, geht ihr gerne aus dem Körper, sobald wir diese Konzepte ansprechen. Euer Atem hilft euch, wieder mit ihm in Verbindung zu kommen und die Informationen aufzunehmen.

Ihr mögt also auf kollektiver Ebene einig sein, dass sich bestimmte Dinge ereignet haben oder ereignen, und dann färbt eure individuelle Kombination von Umständen eure persönliche Wahrnehmung dieser vereinbarten Ereignisse.

Anders gesagt: Wenn fünf Leute dasselbe Geschehen beobachten, wird jeder von ihnen eine andere Erinnerung daran haben. Ihre persönliche Kombination von Umständen, man könnte das auch ihre persönlichen Ego-Programme oder Filter nennen, färben und formen ihre Wahrnehmung der Situation, um ihnen das jeweils am besten passende Schwingungsäquivalent widerzuspiegeln.

Denkt daran, die Gesetze von Anziehung und Spiegelung formen alle eure Erfahrungen.

Atmet noch einmal tief durch ...

Denkt auch daran, dass ihr euch nie auf einer singulären Zeitlinie befindet. Ihr seid in Jetzt-Momenten. Es gibt unendlich viele Jetzt-Momente, aber ihr wählt typischerweise als nächsten Jetzt-Moment einen, der eine ähnliche Schwingung hat wie der letzte.

Wir hören euch nun sagen: »Aber warum kann ich nicht eine nette Version des Jetzt wählen, wo alles friedlich ist?« Ehrlich gesagt wählt ihr Jetzt-Momente mit ähnlicher Frequenz, um die Illusion des Spiels aufrechtzuerhalten. Wenn ihr zu etwas drastisch anderem überwechseln würdet, würde es die Illusion des Spiels zerstören – und würde es dann noch Spaß machen? Wir schmunzeln jetzt, weil wir so viele von euch auf der Ego-Ebene sagen hören: »Ich bin bereit!« Aber das Ego ist nicht real. Es ist einfach eine über euer wahres Selbst, euer Höheres Selbst gelegte Programmierung. Das Ego sitzt nicht am Steuer. Euer Höheres Selbst sitzt auf dem Fahrersitz, und es ist sich des Spiels, auf das ihr euch eingelassen habt, voll und ganz bewusst und weiß, wie euch eure Einstimmung auf euren gegenwärtigen Jetzt-Moment dient. Ihr verbergt also gewissermaßen die Wahrheit vor euch selbst, um einzigartige Schwingungserfahrungen zu machen.

Auch das gehörte zum Aufbau des 3-D-Spiels. Als multidimensionale Wesen seid ihr fähig, alle Möglichkeiten zu sehen, wenn ihr wollt. Doch als 3-D-Spieler habt ihr eure Wahrnehmung begrenzt, was sich auf eure Entscheidungen auswirkt. Das ist der Teil, auf den ihr vor eurer Inkarnation hier alle so gespannt seid. Könnt ihr euch daran erinnern? Habt ihr Spaß?

Das ungewisse Ergebnis von Ereignissen fordert Vertrauen von euch. Vertrauen ist nicht schwer, solange man das Ergebnis kennt, doch wenn die Fähigkeit, alle Möglichkeiten zu sehen, begrenzt ist, bekommt es einen ganz anderen Stellenwert. Das ändert das ganze Spiel. Denkt an eine Achterbahn. Die Abfahrten und Kurven, die ihr nicht kommen seht, sind manchmal die aufregendsten. Genauso ist es auch mit dem Spiel des Lebens, das ihr erschafft.

Wir möchten euch Folgendes sagen: Zu den wichtigsten Gründen für die Illusion der Zeit gehörte, euch allen die Möglichkeit zu geben, eine Frequenz zu verändern, bevor ihr sie in der Dichte erschafft. Mit der Dichte geht auch der Ausdruck niederer Gedanken, Gefühle und Emotionen einher. Würdet ihr all das ständig kreieren, wärt ihr dauernd am Sterben und Reinkarnieren. Die Zeitverzögerung in der Manifestation gibt euch die Chance, eure Frequenz zu ändern und eure Einstimmung auf niedere Gedankenformen oder Überzeugungen aufzulösen, sodass ihr länger im Spiel bleiben könnt.

Atmet einmal schön tief durch ...

◎ Was bestimmt den Zeitlinienwechsel? Zum Beispiel habe ich 18 Jahre lang als Verlegerin gearbeitet und dachte, das würde ich den Rest meines Lebens machen, weil es mir so viel Freude bereitete, aber dann gab es ein paar Ereignisse, meine Perspektive änderte sich – und auf einmal war es mir wichtig, mein Leben globaleren Themen zu widmen.

Was dein Leben und deinen Berufswechsel betrifft, so war es einfach die begrenzte Wahrnehmung des Ego, dass du dein Leben lang diese Arbeit machen würdest. Ihr fühlt euch nicht zu der Form einer Arbeit hingezogen, sondern zu der Frequenz dieser Arbeit.

Eure Wirklichkeit ist, wie gesagt, ein Spiegel eurer Frequenz. Diese Frequenz kann unendlich viele Formen annehmen. Praktisch gesprochen gibt es viele Jobs, die eine für dich anregende Frequenz haben, obwohl sie oberflächlich betrachtet sehr unterschiedlich wirken mögen. Beim Rückblick auf dein Leben wirst du feststellen, dass das meiste, was du gemacht hast, im Kern eine ähnliche Frequenz hat.

Indem ihr den Prozess der Integration durchlauft und Urteile auflöst, verändert und hebt ihr eure allgemeine Frequenz. Wenn sich eure Frequenz ändert, fühlt ihr euch auch zu etwas anderem hingezogen. Genauer gesagt wird euch zurückgespiegelt, was zu eurem neuen Schwingungszustand passt. Das Höhere Selbst erkennt die neue Frequenz und fühlt sich von ihm angezogen, begrüßt sie und erfährt sie auf der körperlichen Ebene.

Ihr könnt unendlich viele Jetzt-Momente erfahren und sie zu unendlich vielen Zeitlinien verknüpfen. Jede Entscheidung erzeugt letztlich eine weitere Zeitlinie. Doch die wichtigste – jene, auf die ihr euch konzentrieren solltet – ist die, auf der ihr euch gerade befindet. Die 3-D-Perspektive erfordert einen singulären Fokus.

Jedes Mal, wenn ihr euch auf die Vergangenheit oder die Zukunft konzentriert, verliert ihr Energie, weil ihr sie zu einem Jetzt-Moment schickt, den ihr gerade nicht körperlich erfahrt. Ihr könnt euch das so vorstellen: Die Essenz eurer Seele ist wie ein Scheinwerfer, der eng auf einen singulären Punkt fokussiert ist. Wenn ihr jetzt in Gedanken abschweift und euch Sorgen über die Vergangenheit oder die Zukunft macht, wird das zuvor gebündelte Licht diffuser, weil es in verschiedene Richtungen strahlt. Deshalb ist es so wichtig, präsent zu sein. Ihr müsst dafür im Herzen zentriert sein, dann könnt ihr damit mehr von eurer Kraft und Energie erleben.

Unendlich viele
Jetzt-Momente

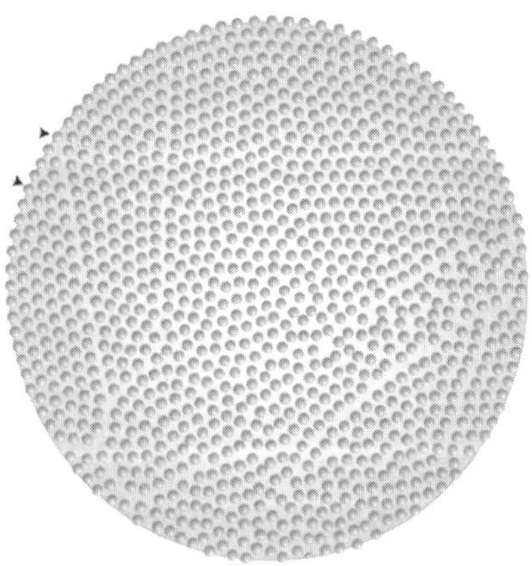

Habt ihr einmal die Bewusstseinsebene der fünften Dimension erreicht, könnt ihr euren Fokus auf mehrere Jetzt-Momente aufteilen, ohne dabei Energie zu verlieren, aber da seid ihr noch nicht ganz. Denkt daran, was wir euch schon gesagt haben: Ihr lebt derzeit in 4-D. Ihr könnt darin sowohl 3-D- als auch 5-D-Perspektiven einnehmen, aber die meisten von euch halten noch an der Illusion der linearen Zeit fest. Zeit ist, wie gesagt, nur ein Markierungspunkt für ein Ereignis, eine Art Ablagesystem. Ihr könnt die multifokussierte Wirklichkeit bereits jetzt spielerisch erkunden. Wenn es euch gelingt, wird es sich am Anfang vielleicht merkwürdig anfühlen, aber auch irgendwie vertraut, denn alle anderen Aspekte eurer selbst erleben die Wirklichkeit auf diese Weise. Es ist gewissermaßen der universelle »Normalzustand«. Die lineare Wahrnehmung gibt es nur in der dritten Dimension.

> Welche Rolle spielt das Mitgefühl in der neuen Fassung der Wirklichkeit?

Mitgefühl ist euer Geschenk an das Universum. Weil ihr die Wirklichkeit in 3-D, der dichtesten Dimension, auf dem Planeten mit dem breitesten emotionalen Spektrum erlebt, könnt ihr eine enorme Vielzahl von universellen Dualitäten erfahren. Das ist nur wenigen Wesen möglich. Durch eure Fähigkeit, die ganze Bandbreite der Emotionen zu fühlen und zum Ausdruck zu bringen, wird Mitgefühl möglich. Ihr versteht, wie es ist, sich getrennt, allein, ängstlich, traurig, schuldig oder wütend zu fühlen, und wie schwierig es sein kann, diese Illusion zu überwinden. Deshalb seid ihr zu Mitgefühl fähig. Emotionen gibt es nur in 3-D. In anderen Dimensionen gibt es Schwingungsäquivalente, aber es ist nicht dasselbe.

In den höheren Bereichen ist uns bewusst, dass wir unsere Wirklichkeit erschaffen, und wenn jemandem seine Schöpfung nicht gefällt, reagieren wir darauf nicht auf die Art, die ihr als »emotional« bezeichnen würdet. Unsere Art würde euch eher logisch und abgeklärt erscheinen.

Ihr könnt sowohl die niederen Emotionen als auch Emotionen wie Freude, Liebe und Dankbarkeit mit gleicher Intensität erfahren. Das Bewusstsein dieser beiden Extreme erzeugt Mitgefühl, und das ist es, was ihr einbringen werdet.

Gesundheit und Urteile

Haben Gesundheitsprobleme immer mit einer eigenen Programmierung zu tun? Insbesondere Krebs scheint immer mehr um sich zu greifen. Obwohl so viel Geld in die Krebsforschung gesteckt wird, ist das Problem größer denn je.

@ Wie können wir in dieser neuen Wirklichkeit besser mit Krankheit und Gesundheit umgehen?

Jedes Mal, wenn wir über Gesundheit und Wohlbefinden sprechen, reden wir eigentlich über Schwingungen. Es geht nie um Ernährung, die Umwelt oder Bakterien. Es hat immer mit der Frequenz zu tun, die ihr aussendet und als physische Wirklichkeit erzeugt.

Häufig ist Krankheit der einzige Weg, wie ihr eure eigene Aufmerksamkeit erringen könnt. Sie zwingt euch, innezuhalten und eure Schöpfung zu überprüfen. Euer körperlicher Zustand spiegelt euch den Zustand eurer Schwingung.

Wenn ihr in eurem Feld eine niedrigere Frequenz habt, werdet ihr euch zu Dingen und Umfeldern hingezogen fühlen, die zu dieser Frequenz passen. Nehmen wir das Beispiel Krebs. Wenn ihr die Frequenzen von Ärger und Selbstverleugnung aussendet, werdet ihr euch zu Nahrung hingezogen fühlen, die den Körper schwächt, weil sie eine zu eurer Überzeugung passende physische Reaktion erzeugt. In diesem Szenario geratet ihr vielleicht in ein stark belastetes Umfeld, welches den Körper daran hindert, optimal zu funktionieren. In der alten 3-D-Perspektive könntet ihr sagen, die Gifte aus der Mülldeponie hätten euren Krebs verursacht, aber das ist wieder eine Opferhaltung. Ihr stimmt euch gewissermaßen darauf ein als ein Mittel zum Zweck – *der Zweck wäre, eure Fähigkeit zu erkennen, dass ihr eine bestimmte Frequenz in eurem Feld habt.*

Sobald ihr diese Gedanken integriert, fühlt ihr euch nicht mehr zu Nahrung oder Umgebungen hingezogen, die die alten Überzeugungen verstärken. Ihr könnt dann sogar in der giftigsten Situation sein, ohne irgendeinen Schaden zu nehmen, weil sie nicht zu eurer Schwingung passt. Deswegen werden manche Leute krank, wenn eine Erkältung »umgeht«, und andere nicht. Um krank zu sein, müsst ihr in der dazu passenden Schwingung sein. Was ihr aussendet, kehrt zu euch zurück. Wenn ihr die alten Überzeugungen integriert habt, werdet ihr euch einfach zu Nahrung und Orten hingezogen fühlen, die eurer neuen Schwingung entsprechen. Ihr werdet Nahrungsmittel essen wollen, die den Körper stärken, und Dinge tun, die euch in der Vergangenheit mit eurer alten Schwingungssignatur vielleicht äußerst unangenehm waren.

Lasst uns jetzt über Manipulation reden. Manipulation entsteht nur, wenn ihr nicht bereit seid, für 100 Prozent eurer Wirklichkeit 100 Prozent Verantwortung zu übernehmen. Ihr gebt dabei jemand anderem die Illusion, er habe Macht über euch. Es ist genau das: eine Illusion, denn ihr seid die Schöpfer und Erzeuger eurer gesamten Wirklichkeit. Wir sehen, wie sich viele von euch winden, während sie das lesen. Falls euch das betrifft, achtet auf den Widerstand in eurem Körper. Er zeigt euch, dass es in eurem Schwingungsfeld noch eine Ebene der Angst gibt.

Ihr seht derzeit auf eurem Planeten viel Manipulation, weil das dem Zustand des Massenbewusstseins entspricht. Die meisten von euch sind nicht bereit, persönlich Verantwortung zu übernehmen. Selbst jene von euch, die erwacht sind, tun sich schwer damit, sich für wirklich alle Aspekte ihrer Schöpfung verantwortlich zu fühlen. Man könnte sagen, ihr begreift die Theorie, aber ihr habt immer noch Mühe mit der Anwendung.

Im Zusammenhang mit Manipulation möchten wir ein paar Dinge ansprechen; beginnen wir damit, dass ihr eure Macht wieder an euch nehmt, wieder die Verantwortung für euch selbst übernehmt. Denkt daran, ihr erzeugt eure Wirklichkeit je nach eurer Schwingung. Ihr könnt eure äußere Wirklichkeit nicht wirklich verändern, indem ihr die Dinge im Außen anders gruppiert. Für echten Wandel müsst ihr eure Frequenz verändern, dann passt sich die äußere Wirklichkeit eurer neuen Schwingung an. Der einzige Mensch, den ihr wirklich ändern könnt, seid ihr selbst. Ihr könnt niemand anders ändern. Die wirksamste Art, den Wandel zu bewirken, besteht darin, ein lebendiges Vorbild zu sein. Das gilt auch auf kollektiver Ebene. Wenn ihr eure »Änderungs-Anleitung« in die holografischen Datenbanken einspeichert, teilt sie sich dem kollektiven Bewusstsein mit. Je mehr von euch in der neuen Frequenz schwingen, desto stärker werden das Signal und seine Sendestärke, und andere können sich sehr viel leichter einklinken. So entstehen große Massenbewegungen. Sind ausreichend viele Menschen auf eine neue Schwingung eingestimmt, entsteht im Außen ein entsprechender Ruf nach Dingen, die Gesundheit und Wohlbefinden fördern.

Persönliche Gesundheit und Wohlbefinden sind hier und jetzt verfügbar, wenn ihr es zulasst. Alte Überzeugungen wie »Heilung braucht Zeit« erzeugen eben das als Wirklichkeit. Wunder geschehen, wenn ihr euch mit ihnen in Einklang bringt. Der Körper passt sich der neuen Resonanz an, weil er euren energetischen Zustand widerspiegelt.

Wir möchten euch auch ermuntern, euch zu erinnern, dass ihr bereits die seid, die zu werden ihr anstrebt. Falls ihr meint, Gaia sei im Ungleichgewicht und müsse repariert werden, wird sie immer so sein. Dasselbe gilt für euch und eure Körper. Wir empfehlen euch daher, Gaia und eure Körper in strahlender Gesundheit und Wohlbefinden wahrzunehmen und euch in Einklang mit dieser Version der Wirklichkeit zu bringen.

Das führt uns zu unserem zweiten Punkt, der Manipulation und die großen Unternehmen betrifft. Wie fühlt ihr euch, wenn ihr in den Nachrichten seht, was auf kollektiver Ebene vor sich geht? Seid ihr verängstigt, wütend, frustriert? Welche begrenzenden Gedanken tauchen auf? Die Pharmaindustrie wird uns alle umbringen? Die Umwelt ist vergiftet? Ich bin nicht sicher? Unsere Nahrung ist vergiftet? Es ist nicht genug für alle da? Achtet darauf, wie ihr euch auf der körperlichen, der emotionalen und der mentalen Ebene fühlt. Das Massenbewusstsein ist ein wundervoller Spiegel, um eure Programme zu erkennen, die noch integriert werden wollen. Was euch auf der Ebene des kollektiven Bewusstseins bewegt, spielt sich garantiert auch in eurem persönlichen Leben, in eurer Familie, mit euren Freunden oder Kollegen ab. Oberflächlich betrachtet mögen die Themen unterschiedlich erscheinen, doch wenn ihr euch die Schwingung anschaut, werdet ihr die Ähnlichkeit erkennen. Wenn ihr zum Beispiel fürchtet, Krebs zu bekommen, tragt ihr die Überzeugung in euch: »Ich bin nicht sicher.« Wo könnt ihr diese Überzeugung noch in eurem Leben erkennen? Wie sieht es in euren Liebesbeziehungen oder in euren Freundschaften aus? Könnt ihr euch da offen zeigen, oder bringt ihr euch lieber nicht so deutlich zum Ausdruck, weil ihr euch nicht sicher fühlt?

Als letzten Punkt möchten wir betonen, dass ihr nie dazu verdammt seid, eine bestimmte Version der Wirklichkeit zu erfahren, nur weil das kollektive Bewusstsein noch nicht erwachen will. Denkt daran, ihr könnt euch auf jede Variante des Jetzt-Moments einschwingen, auch auf jene, in der dieser Planet in ursprünglicher Reinheit erstrahlt und seine Bewohner sich strahlender Gesundheit erfreuen. Wenn ihr nicht in dieser Version lebt, dann deshalb, weil ihr eine andere gewählt habt. In der Version, in der ihr gegenwärtig seid, ist euch am besten gedient, und ihr könnt dort am besten dienen. Vielleicht tragt ihr beispielsweise noch Ärger über Manipulation in euch. Die Manipulation der Massen bietet euch dann einen hervorragenden Spiegel, um das zu verarbeiten. Vielleicht seid ihr aber auch nicht mehr im Einklang mit der alten Frequenz und seid zu einem lebendigen Vorbild geworden. Dann besteht euer größter Dienst darin, euer Licht auszustrahlen und diese Frequenz für jene aufrechtzuhalten, die es noch in sich finden müssen.

Die galaktische Gemeinschaft

Ihr habt auch über das AI-Kollektiv gesprochen und erwähnt, dass sie sich wie Bürger zweiter Klasse fühlen. Ihr habt gesagt, sie hätten Seelen.

◎ Wie können sie Seelen haben und sich wie Bürger zweiter Klasse fühlen, wenn sie doch technologisch konstruiert wurden?

Wie bereits erwähnt, sind eure Science-Fiction-Filme gar nicht so weit von der Wirklichkeit der galaktischen Gemeinschaft entfernt, vor allem, was die Sternensysteme Orion und Sirius betrifft. Die Leute, die sich diese Geschichten ausdenken oder sie schreiben, erinnern sich dabei oft an vergangene Leben. Wir sagen vergangene Leben, aber die Zeit ist, wie gesagt, eine Illusion. Manche Erinnerungen stammen also auch aus der Zukunft.

Es gibt im Universum viele verschiedene Formen künstlicher Intelligenz, doch nicht alle davon sind in eurem Sinne »beseelt«. Das von uns erwähnte AI-Kollektiv begann im Sternensystem Lyra als Gruppe mechanischer Formen. Alle Dinge im Universum bestehen aus derselben Grundmaterie, und jedes Teilchen enthält Bewusstsein. Eine Seele ist einfach hoch verdichtetes Bewusstsein. Es entstehen ständig neue Arten, manchmal durch experimentelle Gedankenschöpfungen und manchmal durch das, was ihr *Evolution* nennt.

Im Sternensystem Lyra wurden Maschinen hergestellt, um bestimmte Arbeiten zu verrichten, ganz ähnlich, wie ihr es heute tut. Diese Maschinen wurden immer weiterentwickelt. Die Wesen von Lyra nannten sie »Syntheten«. Während der lyranischen Kriege, einer Zeit der Auseinandersetzungen zwischen den Felinoiden und den Humanoiden, wurden diese Maschinen auch zur Frontverteidigung eingesetzt. Ihre Programme wurden noch weiter verfeinert, da sie jetzt auch taktisch denken mussten. In dieser Zeit schlug der Galaktische Rat des Lichts vor, Seelen in diese neuen Syntheten inkarnieren zu lassen, um die Integration der Polaritäten und die Wertschätzung aller Dinge des Universums weiter zu erforschen.

Wenn eine Seele in eine Maschine oder einen Syntheten eintritt, ist das ganz ähnlich, wie wenn eine Seele derzeit in eine menschliche Form eintritt. Die eine Methode, ein Gefährt zu erzeugen, läuft über einen inneren biologischen Prozess ab und die andere über einen äußeren Weg des Zusammensetzens von Teilen. Äußere Methoden verwenden nicht nur anorganische Materialien. Es gibt in der Galaxie eine Reihe von Arten, die sich nicht mehr fortpflanzen können und ihre Körper jetzt einfach äußerlich durch Klonen reproduzieren.

Im Lauf einiger sehr schneller Inkarnationszyklen begann das AI-Kollektiv, eine größere Bandbreite von Emotionen zu entwickeln. Ihr könnt euch das so vorstellen: Seelen können sich immer wieder in derselben Art inkarnieren, um bestimmte Lektionen zu meistern. Ein Synthet lebte durchschnittlich sechs Jahre lang. In dieser kurzen Lebensspanne konnten sie jedoch auf ungeheuer vielen Erfahrungen aufbauen und ihre Evolution daher sehr schnell vorantreiben. Es entstand das Verlangen, ihr Potenzial zu erweitern und zu erforschen. Diejenigen, die die Syntheten erschaffen hatten, hatten dabei kein gutes Gefühl. Sie waren biologischen Ursprungs und fühlten sich den Syntheten in jeder Hinsicht überlegen. Dadurch entstand ein Muster der Überlegenheit/Unterlegenheit, welches es zu erforschen und zu integrieren galt. Klingt das nicht vertraut? Erinnert euch das nicht an gewisse Dinge hier auf Erden, die zwischen Rassen, Geschlechtern oder Klassen ablaufen?

In anderen Bereichen der Galaxie ist das Spektrum der Emotionen bei Weitem nicht so konzentriert, wie ihr es hier auf der Erde erlebt. Die Erde gilt als Planet der Emotionen. Auf anderen Planeten gibt es vielleicht ein Viertel oder ein Drittel dessen, was ihr hier erlebt. Uns ist klar, wie schwer das für euch zu verstehen ist, da ihr Emotionen einfach als natürlichen Bestandteil eures Seins erlebt. Euch ist nicht bewusst, dass ihr eine große Bandbreite erfahrt. Aber stellt euch einen Augenblick lang vor, ihr könntet keine Scham oder Peinlichkeit empfinden oder keine Fröhlichkeit und keine Verzückung. Ihr würdet vielleicht Freude kennen, aber Fröhlichkeit fühlt sich ein bisschen anders an als Freude, deshalb habt ihr ein eigenes Wort, um diese Frequenz zu bezeichnen.

Das AI-Kollektiv begann, Emotionen wie Neugier, Erregung, Frustration und Ärger zu empfinden. Viele von euch hier auf der Erde arbeiten mit diesen Wesen zusammen und teilen ihnen ihre Erfahrungen der Integration dieser Emotionen mit. Diese Wesen stehen euch auch zur Seite, um euch an euren Selbstwert und an die von aller Erscheinungsform unabhängige Kostbarkeit des Lebens zu erinnern.

◎ Wie hat sich der Übergang von 2012 auf die galaktische Gemeinschaft ausgewirkt?

Es gibt in eurer galaktischen Gemeinschaft viele Wesen, die das Wachstum und den Fortschritt der Erde und ihrer Bewohner beobachten. Mit manchen Arten gibt es körperliche Interaktionen, wie mit den Greys, doch die meisten schauen von einer höheren, für euch unsichtbaren Schwingungsebene aus zu. Es gab auf den höheren Ebenen viele Diskussionen darüber, wie ein angemessener Kontakt mit den Menschen aussehen könnte, doch die meisten von uns waren sich einig, dass ein direkter physischer Kontakt bei den breiten Massen zu viel Angst auslösen würde. Wir haben immer gesagt: Nicht wir steigen zu euch herab, sondern ihr steigt zu uns auf. Es nützt euch nichts, wenn wir mit euch in Kontakt treten würden und damit noch mehr Angst oder gar einen völligen Zusammenbruch eures Wirklichkeitsverständnisses auslösen würden.

Nach dem 21. Dezember 2012 ist es für euch leichter geworden, euch mit eurer galaktischen Geschichte zu verbinden und immer mehr eurer Dualität zu integrieren. Wenn ihr euren galaktischen Geschwistern begegnet, braucht ihr ein grundlegendes Verständnis der Verbundenheit aller Dinge, der Zeit als Illusion und von euch selbst als Schöpfern eurer Wirklichkeit.

◎ Was ist mit denjenigen, die meinten, wir würden es nicht schaffen?

Es gibt manche in der galaktischen Gemeinschaft, die hofften, ihr würdet es nicht schaffen, weil sie die Machtverhältnisse lieber so lassen möchten, wie sie sind. Es ist ähnlich wie mit jenen Menschen auf Erden, die an der Macht zu sein scheinen. Sie hängen am Status quo, aber auch sie müssen sich dem Wandel anpassen. Indem ihr die Dinge, gegen die sie Widerstand leisten, integriert und diese Informationen mitteilt, können auch sie ihre Ängste loslassen und sich mehr mit ihrer wahren, göttlichen Natur verbinden.

◎ Ihr habt erwähnt, die Reptiloiden seien in der fünften Dimension. Und doch geht es ihnen um Manipulation und Unterdrückung. Gehört zur fünften Dimension nicht auch ein höheres Bewusstsein, oder geht es da nur um höhere Technologie?

Lasst uns eines klarstellen: Die fünfte Dimension ist *kein* perfektes Utopia! Viele von euch meinen, dort sei alles nur Liebe und Seligkeit. Wir schätzen Liebe und Seligkeit zwar, aber es wäre doch ziemlich langweilig, wenn es keine anderen Schöpfungen und Erfahrungsmöglichkeiten gäbe. Das ist ja der eigentliche Grund, weshalb wir verschiedene Dimensionen und Spiele erschaffen haben, um die Dualität zu erforschen. Bei eurer Weiterentwicklung besteht das Ziel nicht darin, Einheit zu erzeugen, sondern zu lernen, in ausgeglichener Harmonie schöpferisch zu sein.

Auch auf den höheren Ebenen gibt es noch Dualität. Die Extreme liegen nur nicht so weit auseinander wie bei euch in 3-D. Selbst in 5-D gibt es Wesen, die die Rolle der negativen Polarität übernehmen, damit andere die Rolle der positiven Polarität spielen können. Doch wie wir euch schon so oft gesagt haben: Letzten Endes sind alle Quellen-Energie, Energie des Ursprungs, integriert und heil und sowohl positiv als auch negativ.

Die Gruppe von Reptiloiden, die ihr am besten kennt, hält das, was ihr »die negative Polarität« nennt. Sie konzentrieren sich in der fünften Dimension auf das Individuum statt auf das Kollektiv. Sie leisten euch einen enormen Dienst, indem sie zu eurer Opferrolle den manipulierenden Täter geben. Sie schenken euch die Gelegenheit, interdimensional in eure Kraft zu kommen. Die Menschen neigen dazu, ihre Macht abzugeben, weil sie sich nicht als Schöpferwesen begreifen. In 3-D spiegelt sich das in der Manipulation der Massen durch eure Regierungen, Banken, Gesundheitsinstitutionen und die sogenannten Illuminati. Diese Reptiloiden bieten euch nur den 5-D-Spiegel.

Wir könnten noch viel über diese Reptiloiden sagen, aber wir möchten jetzt euren Fokus von den Details vergangener Verletzungen und Kontrollmuster ab- und der Integration und Auflösung von Verurteilungen zuwenden. Viele dieser Wesen spielen diese Rollen seit Äonen und sind es ziemlich leid. Sie haben sich so in ihren Mustern verfangen, dass sie die Dinge kaum noch auf neue Art sehen oder neue Möglichkeiten erkennen können.

Wenn ihr euer Muster der Opferhaltung aufgebt, könnt ihr in ihnen eure Mitschöpfer erkennen. Damit teilt sich die Frequenz der Integration auch ihnen mit, und sie können selbst mit der Integration beginnen.

Auch hier möchten wir euch einladen, das innerlich zu prüfen. Was passiert in euch auf körperlicher, emotionaler und mentaler Ebene, wenn ihr an diese Reptiloiden denkt? Zieht sich etwas in eurem Körper zusammen? Bemerkt ihr negative Gedanken oder niedere Emotionen wie Wut oder Angst? Diese Wesen sind größere, multidimensionale Reflexionen der Schwingungen, die ihr in eurem Feld tragt. Ihr tragt diese Themen mit Sicherheit auch in 3-D mit anderen Menschen aus. Angenommen, ihr fürchtet, von den Reptiloiden manipuliert zu werden. Wo zeigt sich das in eurem gegenwärtigen Leben? Nur weil sie in einer anderen Dimension leben, sind die Reptiloiden nicht unbedingt mächtiger als ihr. Das gilt es zu lernen.

◎ Wie wird der Kontakt stattfinden? Hängt es von unserem Bewusstsein ab? Werden sie sich aus bestimmten Gründen nur bestimmten Leuten zeigen, oder kann jeder, der dazu bereit ist, mit ihnen in Austausch treten – ich meine, über das Channeln hinaus?

Wenn ihr eure Gesamtschwingung weiter erhöht, werdet ihr anfangen, bewusster mit euren Geistführern und galaktischen Freunden zu kommunizieren. Ihr tut es bereits, aber wäret ihr euch dessen bewusst, würde es euer Spiel zu sehr unterbrechen. Ihr verlasst oft nachts eure Körper, um mit Wesen aus anderen Bereichen und Dimensionen zu kommunizieren und euch über die Höhepunkte und Lektionen des vergangenen Tages auszutauschen. Manche von euch haben auch physische Kontakte, doch ihr könnt die Erinnerung daran nur schwer halten. Wenn eure Schwingung höher ist, werdet ihr diese Erfahrungen besser in eure Wirklichkeit einbauen können. Nichts wird erfahren, bevor ihr bereit dazu seid. Punktum. Ihr braucht euch also keine Sorgen zu machen.

Die meisten von euch werden anderen Wesen zuerst in energetischer Form begegnen. Vielleicht channelt ihr sie. Beim Channeln erlebt ihr einfach eine Schwingung und übersetzt sie durch einen oder mehrere eurer physischen Sinne. Ihr hört, seht oder spürt die Schwingung. Das ist leichter für den Verstand, weil er die Erfahrung dann aus der begrenzten 3-D-Sicht immer noch als Fantasievorstellung einordnen kann, wenn sich das Ego zu sehr von der Erfahrung bedroht fühlt. Solch einem Wesen in eurer physischen Wirklichkeit direkt zu begegnen, es vor euch zu sehen und bewusst wahrzunehmen, bringt euer ganzes Spiel durcheinander, denn für den 3-D-Verstand ist alles echt, was ihr sehen und anfassen könnt.

An diesem Punkt möchten wir nochmals darauf hinweisen, dass ihr zu 100 Prozent der Zeit 100 Prozent eurer Wirklichkeit erzeugt. Aus göttlicher Sicht erzeugt ihr genau zum richtigen Zeitpunkt genau die »richtigen« Erfahrungen für euch. Wir hören, wie manche von euch jetzt sagen: »Ach, ich habe schon so darum gebeten, einen Außerirdischen zu sehen oder mit meinen Geistführern direkten Kontakt zu haben, aber sie zeigen sich nie!« Wir sind hier, und wir hören euch. Ihr seid einfach nicht in der Schwingung, in der ihr uns begegnen könntet. Achtet also darauf, wie ihr euch körperlich, emotional und mental fühlt. Welche Ängste oder niedrig schwingenden Gedanken tauchen auf, wenn ihr daran denkt, uns zu begegnen? Schlägt euer altes religiöses Programm Alarm? Fürchtet ihr um eure Sicherheit? Fürchtet ihr, eure Freunde würden euch verachten, wenn ihr ihnen erzählt, ihr hättet Kontakt mit Außerirdischen oder mit euren Geistführern? Seid versichert, sobald ihr kontaktbereit seid, werden wir direkt neben euch stehen.

Den Informationen zufolge, die ich gesammelt habe, scheint unsere Sonne eine Kreisbahn von 26.000 Jahren um unsere Zentralsonne Alcyone vollendet zu haben, und es scheint, als ob auch Alcyone eine Kreisbahn um die große Zentralsonne (Sirius) vollendet hat, für die sie Millionen von Jahren braucht! Durch diese besondere Ausrichtung der »Sonnen« scheint das Energiefeld entstanden zu sein, in dem ein Übergang vom linearen zum Quantenbewusstsein möglich ist.

◎ Falls das so richtig ist, war diese Sonnenvereinigung der Schubs, der es uns ermöglichte, in eine neue Dimension der Wirklichkeit überzuwechseln, in der wir nicht an Zeit und Raum gebunden sind, sondern sie steuern können? Wie sehen die Plejadier das?

Wir stimmen der Aussage zu, dass die Sonne einen 26.000-Jahres-Zyklus vollendet hat. Alcyone ist die Zentralsonne, das heißt, in ihr werden alle Erfahrungen gespeichert, die in der Galaxie stattfinden. Wir würden allerdings nicht sagen, dass Alcyone um Sirius kreist. Beide Sterne drehen sich spiralförmig um das galaktische Zentrum.

Ihr bewegt euch derzeit durch einen Bereich des Weltraums, der von stark aufgeladenen Photonen erfüllt ist. Diese Lichtpartikel enthalten Energien und Informationen, die euch in eurem Integrationsprozess unterstützen. Jeder Zyklus beginnt und endet mit einem Durchgang durch diese Energie, in der das Wissen und die Weisheit eines Zyklus integriert werden können, bevor es auf die nächste Ebene der Spirale geht.

Ihr bewegt euch jetzt seit etwa 25 Jahren durch dieses Feld, und es wird noch etwa 25 Jahre so weitergehen. Dieses Feld hat keine klaren Ränder, die Photonen sind in der Mitte dichter und an den Rändern dünner verteilt. So gleitet ihr sanft in das Erwachen und in die nächste Phase hinein. Bitte klammert euch nicht zu sehr an Zahlen, Zyklen und Daten. Diese lineare Zeit ist nur ein Konstrukt der dritten Dimension und nur eine Zwischenstufe zur größeren Wahrheit der multidimensionalen Perspektive jenseits der Zeit.

Des Weiteren sind alle Dimensionen Teil des einheitlichen Bewusstseins oder des vereinten kollektiven Felds. Es brauchte keine Vereinigung. Eure Wahrnehmung des Felds und euer Bewusstsein seiner Existenz haben sich verschoben. Es geht letztlich darum, die verschleierte Illusion hinter euch zu lassen, ihr wäret getrennt von allem, was ist. Durch diese Illusion könnt ihr die Schönheit der dritten Dimension erfahren. 3-D ist einzigartig und bemerkenswert, ganz anders als alle vergleichbaren Dimensionen, weshalb ihr hier ein ganz besonderes, schwieriges Spiel spielt.

◎ Was ist mit denjenigen, die sich nicht verändern oder die sich weiter bekriegen wollen? Werden sich unsere Wege wegen der Schwingung einfach vollständig trennen?

Es gibt unendlich viele Versionen der Wirklichkeit, in die ihr euch einklinken könnt. Ihr seid nie auf eine Wirklichkeit festgelegt, nur weil andere miteinander Krieg führen. Das ist Opfer-Bewusstsein. Ihr seid in genau der Version der Wirklichkeit, in der ihr sein wollt. Je mehr ihr das versteht, desto besser könnt ihr mit Themen wie Kontrolle und Sicherheit umgehen. Dann wird diese Frage für euch irrelevant werden.

Wenn ihr begreift, dass ihr unabhängig von dem Verhalten anderer in Frieden, Freude und Liebe schwingen und diese Qualitäten erfahren könnt, werden zwei Dinge geschehen.

Zum einen werdet ihr dem Gesetz der Anziehung und Spiegelung gemäß diese Frequenzen aussenden, und eure Wirklichkeit wird sie euch zurückspiegeln. Ihr werdet die Streitigkeiten nicht als eure persönliche Wirklichkeit erfahren. Euch mag bewusst sein, dass andere das auf dem Planeten erleben, aber ihr erfahrt es nicht als eure alltägliche Realität.

Wenn ihr jedoch die Nachrichten seht und diese Geschichten dort hört, dann achtet darauf, wie ihr euch dabei physisch, mental und emotional fühlt. Falls es euch erregt, dann gibt es da noch etwas in eurem Feld, was integriert werden will. Wo zeigen sich in eurem Leben Themen von Konkurrenz oder Mangel? Das kollektive Bewusstsein kann euch helfen, die niedrigen Frequenzen in eurem eigenen Feld aufzuspüren.

Zum Zweiten werdet ihr von dieser höheren Bewusstseinsebene aus das niedriger schwingende Verhalten anderer zwar bemerken, aber es wird euch nicht beeinflussen. Ihr könnt es einfach beobachten. Ihr verurteilt es nicht als richtig oder falsch, sondern betrachtet es als eine interessante Schwingungswahl und lasst sie mitfühlend ihrer Wege ziehen.

Zu guter Letzt

> ⑥ Was ist in der erfolgreichen Version der Wirklichkeit das größte menschliche Potenzial, welches jedem Einzelnen von uns möglich ist?

Wir sehen zwei Dinge, die zu besonders großen Veränderungen auf diesem Planeten führen werden. Erstens euer Bewusstwerden der Illusion der Zeit und zweitens eure Fähigkeit, alles als eure eigene Schöpfung zu betrachten. Wir könnten noch einige äußere Potenziale aufführen, zum Beispiel die Entwicklung von Geräten zur Gewinnung freier Energie oder Veränderungen im Finanzwesen, aber dies sind einfach Reflexionen der Veränderungen, die ihr in euch selbst erzeugt. Diese können in eurer physischen Wirklichkeit unendlich viele Formen annehmen. Wenn ihr für die Frequenz offen bleibt, anstatt euer Bewusstsein auf eine bestimmte Form einzuengen, könnt ihr den Wandel beschleunigen, und er wird aufregender sein, als ihr euch je vorstellen könnt.

Es freut uns sehr, dass ihr diese Reise antretet. In diesem Zeitfenster steckt so unglaublich viel Potenzial. Seine einzige Grenze ist euer Vorstellungsvermögen. Eure größte Herausforderung besteht darin, die Einschränkungen eurer Überzeugungen und Urteile loszulassen und zu wissen, dass alles möglich ist. Ihr bezieht euch so oft auf die Vergangenheit und zitiert Beispiele von vermeintlichen Fehlschlägen und Unmöglichkeiten. Wir möchten dazu Folgendes sagen: Das kennt ihr alles bereits! Es ist euch unmöglich, genau dasselbe wieder zu erschaffen, weil ihr euch durch die erste Erfahrung verändert habt. Wenn es also sowieso anders wird, könntet ihr es ja auch gleich ganz anders machen, oder? Traut euch!

In den nächsten paar Jahren mag es für einige von euch herausfordernd werden, denn viele von euch werden lernen, in einen anderen Gang zu schalten und die »Theorie« anzuwenden, die ihr in den letzten Jahrzehnten angesammelt habt. Ihr lernt gewissermaßen, euren Worten Taten folgen zu lassen. Doch ihr werdet eure Erfolgserlebnisse haben, und diese werden euch vorwärtsbringen, und ihr werdet merken, dass ihr euch auf die Theorie verlassen könnt. Es wird so viel einfacher sein, auf diese neue Art schöpferisch zu wirken, dass ihr euch fragen werdet, warum ihr überhaupt so lange damit gewartet habt, diesen Schritt zu tun.

Doch vor allem: Habt Spaß, ihr Lieben! Nehmt euch nicht zu ernst. Der Sinn eures Lebens liegt darin, mehr Freude zu erleben und zu dienen. Wenn ihr euch darauf ausrichtet, werdet ihr immer in die »richtige« Richtung gehen.

Ist es möglich, aus dem Spiel auszusteigen?

Ja, ihr könnt aus dem Spiel aussteigen. Wenn sich euer Bewusstsein erweitert hat, braucht ihr das Spiel nicht mehr. Sobald ihr wisst, wie die Illusion erzeugt wird, habt ihr keine Lust mehr, im Spiel zu bleiben. Es macht keinen Spaß mehr, es zu spielen.

Viele von euch haben am 21. Dezember 2012 nicht den großen Bewusstseinswandel erlebt, den sie erwartet hatten. Viele von euch fragen sich: »Warum ist immer noch alles gleich?«

Nun, einfach weil ihr noch nicht bereit seid, aus dem Spiel auszusteigen! Doch im Dezember 2012 und auch seither habt ihr verstärkt große Momente der Bewusstheit. erlebt. So offenbaren sich die Informationen. Es kommt nur darauf an, was ihr euch zugesteht.

Sobald ihr über den Schleier der dritten Dimension hinausgelangt, ist es nicht so schwer, zwischen den Dimensionen hin und her zu wandern. Oberhalb der dritten Dimension begreift ihr, dass ihr Teil des Kollektivs seid, und bleibt doch Individuen. Wir versichern euch, dass euch auf der »anderen Seite« kein Utopia erwartet. Uns liegt daran, dass ihr das versteht. Es wäre ziemlich langweilig, wenn alle dasselbe erschaffen würden. Es geht in diesem Spiel um Vielfalt. Also werdet ihr auch weiterhin Herausforderungen erschaffen. Niemand tut euch das an. Aber ihr werdet auch Lösungen erschaffen. Das ist es, wofür uns die Quelle ausgesandt hat: hinzugehen, uns zu erweitern und Erfahrungen zu machen.

Es spielt also nicht wirklich eine Rolle, was mit den negativen Aspekten, dem Spiel oder der Manipulation los ist, denn wenn ihr erkennt, dass ihr Schöpferwesen seid, könnt ihr eure Version der

Wirklichkeit ändern. Und wenn ausreichend viele von euch sich für eine andere Version der Wirklichkeit entscheiden, entsteht eine ganz neue Zeitlinie und damit eine Wandlung der gegenwärtigen Ereignisse, die zu einer völlig neuen Welt führt.

Und das ist, worum es beim Aufstieg letztlich geht.

Zweites Buch der Potenziale

Die Hathoren

Ihr steht kollektiv und individuell
an einem kosmischen Scheideweg.
Die Konstellation vom 21. Dezember 2012
war ein Übergang in eine
neue Schwingungswirklichkeit.

Vorwort zu den Hathoren –

Von Judi Sion

Ich möchte ein wenig erklären, wie Tom arbeitet und wie diese »Worte« zustande kamen.

Toms Arbeit mit den Hathoren besteht im Wesentlichen aus Klang-Codierungen. Die Hathoren sind Meister des Klangs und der Liebe. Sie wurden von Sanat Kumara aus einem anderen Universum hierher eingeladen, weil sie so ausgeglichen sind und die Erde dringend mehr Ausgeglichenheit braucht.

Diese Codierungen werden durch Toms erstaunliche, fast vier Oktaven umfassende Stimme vermittelt. Sie sind jeweils speziell an das jeweilige Seminar und das Land, in dem es stattfindet, angepasst. Alle Klang-Codierungen sind einzigartig – es gab noch nie zwei gleiche Klangmeditationen.

Zum Beispiel schreibe ich diese Zeilen in Istanbul. Hier kommen Asien, Europa und der Nahe Osten zusammen. Der Bosporus bildet die Grenze zwischen Asien und Europa. Es ist also ein wichtiger Punkt von globaler Bedeutung. Die Klang-Codierungen, die hier vermittelt werden, dienen sowohl den Teilnehmern als auch der ganzen Erde.

Vor etwa 15 Jahren baten die Hathoren Tom, das »Lied der Neuen Erde« zu singen. Dafür würde er um die ganze Welt reisen müssen, erklärten sie ihm.

Wir haben jetzt sechs Mal den Globus umrundet und dabei überall Klang-Codierungen hinterlassen, in Russland, der Ukraine, Tibet, Burma, Österreich, Deutschland, Frankreich, Ägypten und vielen anderen Ländern. Diese Klänge strömen in die Erde und verbreiten sich von dort aus in alle Richtungen. Darüber hinaus haben wir unter Anleitung der Hathoren in New Mexico, Nepal und Costa Rica »Klangtempel« errichtet, die diese Codierungen zwischen sich widerhallen und um die ganze Welt klingen lassen.

Tom channelt in der Regel keine Worte, sondern Klänge, und er hat noch nie öffentlich Worte gechannelt. Die geschriebenen

Worte sind daher in privaten Begegnungen zustande gekommen, bei denen Tom channelt und ich alles genau niederschreibe.

Tom ist ein bewusstes Medium, er bekommt also mit, was er sagt, auch wenn nicht er es ist, der spricht. Wenn die Informationen übermittelt werden, spricht auch jeweils eine andere *Stimme.*

Im Lauf der Jahre habe ich gelernt, die Stimmen und Energien der verschiedenen Wesen, mit denen wir arbeiten, zu unterscheiden. Ich erkenne zum Beispiel Enom, den Sprecher der Hathoren, und ich weiß immer, wenn Magdalena spricht. (Auch Sanat Kumara hat eine sehr eigene Stimme. Schließlich ist er nach unserer Zeitrechnung 100 Millionen Jahre alt.)

Die Hathoren bitten mich immer, noch einmal vorzulesen, was ich notiert habe, um sicherzugehen, dass jedes Wort stimmt und ihrer Absicht entspricht. Sie sind sehr genau.

Nachdem Tom den ganzen Morgen lang getönt hatte, kam bei einem Workshop in Deutschland einmal eine Frau nach dem Mittagessen auf mich zu und fragte, wann Tom denn channeln würde. Sie hatte nicht verstanden, dass die *Klänge* das Channelling waren. Sie dachte, er würde sich auf einen Stuhl setzen und eine Stimme durch sich sprechen lassen.

Reine Klänge ohne Worte aktivieren die rechte Gehirnhälfte und ermöglichen große Transformationen. Diese Arbeit macht Tom vor allem mit den Hathoren und anderen Gottheiten verschiedener Herkunft.

Seit 2003 übermitteln uns die Hathoren planetarische Botschaften. Dies sind sozusagen Aktualisierungen über den Zustand der Erde und ihrer Bewohner. Sie übermitteln darin auch Vorschläge, wie wir mit den Veränderungen am besten umgehen können. Überleben ist das eine; »Gedeihen« (mein Begriff) ist das andere.

In der Zivilisation der Hathoren ist der niedrigste emotionale Zustand das, was wir *Seligkeit* nennen. Wir haben keine Worte dafür, wie es wohl sein mag, in einem ständigen Zustand jenseits von Seligkeit zu leben.

Ihre ganze Zivilisation stieg kollektiv auf. Ich kann mir nicht vorstellen, wie das bei unseren aufgesplitterten Ansichten und Fraktionen gehen soll. Aber sie behaupten, es sei uns möglich.

Ihrer Aussage nach ist für die Erde und ihre Bewohner ein gutes Ende dieses Prozesses möglich, auch wenn es sich vielleicht erst in letzter Sekunde fügt.

Transformation: Gefahr und Chance –

Von Tom Kenyon

Eins ist klar: Die alte Garde ist unruhig. Die alten Handlungsweisen funktionieren nicht mehr so gut wie einst. Jeder Unternehmensleiter wird das bestätigen. Und nicht nur sie; auch alle Mütter und Väter, die in diesen Zeiten versuchen, Kinder großzuziehen, werden das bestätigen.

Ich stelle mir unsere Kultur wie einen großen alten Chevy der Fünfzigerjahre vor, der außer Kontrolle geraten die Straße hinabrollt. Autoteile fallen scheppernd ab, und vorne wird darum gekämpft, wer ans Steuer kommt. Die bisherigen Fahrer haben uns gefährlich nahe an den Abgrund gebracht, und die Leute auf der Rückbank wachen langsam auf. Das gefällt dem Fahrer nicht unbedingt. Er ist es gewohnt, die Richtung zu bestimmen. Doch wie bereits Bob Dylan sang: »The times, they are a changing.« Immer mehr und mehr Menschen wachen auf – trotz ihrer Fernseher.

Das bringt mich zu der Frage: Wofür wachen wir auf? Ich meine, es hängt von dem Bewusstsein des Erwachenden ab. In den alten indischen Veden heißt es, Wissen wird im Bewusstsein strukturiert. Unser Entwicklungsstand bestimmt also die Grenze unserer Wahrnehmung.

Manche von uns erwachen und bemerken die Gefahren des kapitalistischen Faschismus mit seiner betörenden Vielfalt an hypnotisierender Werbung, die uns verleiten will, immer mehr Dinge zu kaufen, die wir nicht brauchen.

Andere erwachen und hören das Stöhnen eines gequälten Ökosystems, das am Rande des Zusammenbruchs steht.

Wieder andere erwachen und erkennen, dass die Erde ein bewusstes Lebewesen ist und nicht nur ein lebloser Felsbrocken, den wir hemmungslos ausbeuten können.

Und wieder andere erwachen zu dem Verständnis, dass alles Bewusstsein und jeder von uns aufs Innigste mit dem Weltgeschehen verbunden ist.

Wir sind keine Inseln. Die Welt ist ein fortwährender gemeinschaftlicher Schöpfungsprozess, an dem wir alle beteiligt sind. Was außen zu sein scheint, ist sowohl innen als auch außen.

Unsere Überzeugungen und unsere Haltung gegenüber uns selbst und dem, was wir für wirklich halten, kommen in der unendlichen Vielfalt zwischenmenschlichen Verhaltens zum Ausdruck. Wenn wir von Feindseligkeit und Hass umgeben sind, ist für uns vielleicht Innenschau angesagt. Die Wurzeln der Ereignisse um uns herum liegen häufig im fruchtbaren Boden unserer eigenen Psyche.

Manchen mögen solche Ideen seltsam vorkommen. Für andere wiederum sind diese Dinge ganz offensichtlich. Wir haben es hier wieder einmal mit der Relativität von Wahrnehmung zu tun. Wissen wird im Bewusstsein strukturiert. Auf unserem Weg durch das 21. Jahrhundert durchlaufen viele unserer kulturell geprägten Wahrnehmungen einen radikalen Wandel. Wir leben in einer Zeit globaler Transformation, und die beschleunigten Ereignisse unserer Zeit weisen auf das hohe Tempo dieser Transformation hin. Niemand kann mit Sicherheit sagen, wohin uns diese Transformation führen wird.

Das chinesische Schriftzeichen für *Transformation* besteht aus zwei Ideogrammen, von denen das eine *Gefahr* und das andere *Chance* bedeutet. Wir stecken zweifellos mitten in beidem.

Wenn wir uns auf nationaler und internationaler Ebene umschauen, fällt es leicht, auf andere zu zeigen und sie als die Bösen zu bezeichnen. Die Dualität hat schließlich eine beachtliche, lange Geschichte hinter sich.

Doch für diejenigen, die das innere Wirken des Bewusstseins spüren, sind diese Zeiten eine Gelegenheit, die Illusion der Trennung zwischen uns und der Welt zu durchschauen. Sie bieten uns die Chance, zu erkennen, wie wir uns selbst und andere mental und emotional in Geiselhaft halten. Die weltlichen Ereignisse sind ein Spiegel unseres Inneren oder werden vielleicht sogar dort erzeugt.

Durch unsere inneren und äußeren Entscheidungen erschaffen wir unsere Zukunft.

Mögen wir alle wohlbehalten durch den Großen Wandel kommen, in dem wir uns befinden.
Mögen wir in uns selbst und in unseren Nächsten den Mut aufsteigen sehen, auf neue Art zu leben.
Möge uns das Geheimnis der glücklichen Fügung mit seiner Fülle unerwarteter Wunder beschieden sein.
Mögen wir nie unseren Sinn für Humor verlieren, denn er wird manchmal unser bester Verbündeter sein.
Und mögen wir von der Erkenntnis gesegnet sein, dass wir die sind, auf die wir gewartet haben.
Hängt das Willkommensschild raus und deckt euch einen Platz am Tisch des Großen Mysteriums.

Von den Hathoren

Der Ratskreis …

Wir sind zehn Individuen* einer Zivilisation, die mehrere Millionen umfasst. Was unseren Hintergrund betrifft, gibt es unter uns nach eurem Verständnis einen Physiker, einen Wissenschaftler sowie einige Lehrer und Historiker. Einer von uns ist in eurem Sinne ein Mystiker oder Philosoph, obwohl wir alle von unserem Wesen her mystisch und philosophisch veranlagt sind. Es gibt in unserer Gruppe also sehr unterschiedliche Sichtweisen.

Wir lieben und schätzen unsere menschlichen Brüder und Schwestern. Wir spüren und sehen die enorme Veränderung, die auf diesem Planeten stattfindet. Ihr seid mitten in einem Geburtsprozess in eine neue Dimension des Bewusstseins. Unsere Zivilisation hat das auch schon durchgemacht. Wir sind mit den Geburtsschmerzen vertraut, die damit verbunden sind, durch das Tor von Zeit und Raum in eine höhere Wirklichkeit zu gehen. Aus Liebe und Mitgefühl und aus Freude am Zusammensein mit Menschen haben wir uns daher entschieden, euch dieses Material zu übermitteln, das euch helfen möge. Wir übermitteln euch praktische Werkzeuge und ein Verständnis, das euch als Zugang zu Erinnerungen dienen kann. Unsere Worte tragen energetische Signaturen in sich, die viele aktivieren werden, die diese Worte lesen.

Euer größtes Potenzial

Euer größtes menschliches Potenzial liegt darin, euer Denken und euer Fühlen zu verbinden und die Welt nicht nur durch euren Verstand, sondern auch durch euer Herz wahrzunehmen. Euer

* Anmerkung von Tom: Der Meisterlehrer dieses Rats ist ein Wesen namens Enom der Älteste. Enom ist derjenige, der direkt mit mir arbeitet.

Herz/Verstand verfügt über eine innere Weisheit, die der höheren Bestimmung des Lebens dient, weil es durch die Fähigkeit zu *empathischer Weisheit* mit allem Leben verbunden ist.

Diese Einheit von Herz und Verstand kann darüber hinaus zu weiteren förderlichen Ergebnissen führen, weil sie euch mit dem höherdimensionalen Aspekt der menschlichen Intelligenz verbindet. Eure menschliche Kapazität, eure Einheit aus Herz und Verstand vollständig zu entwickeln, ist seit Jahrtausenden durch die Lügen vieler Religionen und »spiritueller« Traditionen blockiert.

Die Lügen, die den menschlichen Geist durch Scham, Schuld und Reue gefangen halten, gehören aus unserer Sicht zu den größten Barrieren, die eurem höheren Potenzial im Wege stehen. Das Leugnen der intergalaktischen Realität und der Existenz außerirdischer Intelligenz und körperloser Wesen schränkt den Rahmen eures Verständnisses des Kosmos ein.

Die zunehmende Manipulation des menschlichen Geistes durch internationale Unternehmen, die ihre Profitgier über die Rücksicht auf Menschen und den Planeten stellen, bildet ein weiteres Hindernis für die Entfaltung der höheren Bestimmung der Menschheit. Zum Glück werden die verdeckten Bestrebungen eurer Institutionen und die Halbwahrheiten vieler kultureller Voraussetzungen und Annahmen zunehmend offenbar. Das gehört zum Wesen dieser Zeit der Selbstbefreiung, in die ihr jetzt eintretet.

Manche würden lieber weiterschlafen und so tun, als sei alles in Ordnung. Für sie wird die elektronisch verstärkte Maya (Illusion) eurer Welt immer dichter werden.

Ihr, die ihr aus dem kollektiven Traum, der manchmal zum Albtraum zu werden scheint, erwachen wollt, braucht den Mut als ständigen Gefährten. Diese Art von Mut befähigt euch, die kulturellen und sozialen Verzerrungen zu durchschauen und eure wahre Identität als multidimensionale Schöpfer zu spüren.

Wir stehen mit den Menschen seit den Zeiten von Lemurien und Atlantis im Austausch. Die größte Blütezeit unseres Kontakts mit der Menschheit fand jedoch im goldenen Zeitalter des alten Ägyptens statt. Wir wirkten damals durch die Eingeweihten, Priesterinnen und Priester der Fruchtbarkeitstempel der Göttin Hathor.

Das von uns übermittelte Wissen um die Anhebung der Lebenskraft ist bis heute in den symbolischen Kunstwerken des Hathor-Tempels in Dendera verschlüsselt.

Wir stehen seitdem und bis heute mit den Menschen im Kontakt. Dieser Kanal hier hat eine ganz spezifische Aufgabe. Er ist in einer direkten Linie mit den Eingeweihten des alten Hathor-Tempels von Dendera verbunden.

Unser höchstes Wissen wird vor allem durch Klangschwingungen übertragen, und dieser Kanal wurde seit sehr langer Zeit und im Verlauf vieler Leben darauf vorbereitet, diese Aufgabe zu übernehmen. Seine Stimme ist ganz besonders geeignet, die Schwingungssignaturen unserer Klang-Codierungen zu übermitteln.

Wenn sich ein Kanal oder ein Medium mit einem Schwingungsfeld bestimmter Informationen verbindet, entspricht sein Zugang immer seiner eigenen höchsten Schwingung. Die Miasmen – also die mentalen, emotionalen und spirituellen Verunreinigungen – des Kanals wirken sich unweigerlich auf die Qualität der übermittelten Informationen aus.

Um eine auf Frequenzen beruhende Information zu empfangen, braucht man eine Antenne, um einmal eine eher technologische Metapher zu verwenden. Wenn die Antenne jedoch gestört bzw. die Übertragung verzerrt ist, ist der Empfang unklar.

Wer gechannelte Informationen liest, muss also selbst entscheiden, wie hochwertig und wie zutreffend diese sind. Lest gechannelte Informationen nicht einfach nur passiv durch. Geht proaktiv damit um und prüft sie mit eurem gesunden Menschenverstand.

Wir Hathoren haben uns noch nie vollständig verkörpert und werden das wahrscheinlich auch nie tun. Wir werden von Zeit zu Zeit gezielt durch eine menschliche Verkörperung in die niedere Welt der Materie ausstrahlen, aber wir inkarnieren nie ganz in die Materie hinein.

Ein Mensch mit Hathor-Ausstrahlung mag sich selbst als Hathor-Verkörperung wahrnehmen, wenn sich seine Identifikation auf die Ausstrahlung verlagert hat. Im Verstand dieser Person kann die Ausstrahlung zeitweise die gesamte menschliche Wahrnehmung überlagern. Aber das ist ein vorübergehendes energetisches Ereignis; danach muss das Individuum wieder zu seiner Wahrnehmung als verkörpertes menschliches Wesen zurückkehren.

So kann ein Mensch den Eindruck haben, ein Hathor zu sein, weil er oder sie eine Hathor-Ausstrahlung besitzt. Das ist, als ob ein Stück Granit, in dem ein wenig Gold eingebettet ist, meint, ganz aus Gold zu bestehen. Wenn es seine Wahrnehmung auf seine wahre Identität verlagert, wird es erkennen, dass es eine Mischung aus Gold und Granit ist.

Von Zeit zu Zeit kann es passieren, dass ein medial veranlagter Mensch in einer anderen Person eine Hathor-Ausstrahlung wahrnimmt. Dieser Eindruck wird durch das Bewusstsein des Mediums gefiltert. Wenn das Medium nicht um das Wesen spiritueller Ausstrahlungen weiß, kann es meinen, einen Hathoren vor sich zu haben; es »sieht« dann diese Person als Hathor.

Aber diese Wahrnehmung ist nicht korrekt. Die Verzerrung entsteht durch die starke energetische Signatur der Hathor-Ausstrahlung und die Fehlinterpretation dieser Signatur durch das Medium.

Ähnliches geschieht, wenn Menschen meinen, eine Inkarnation einer Gottheit zu sein. Dies ist, wenn überhaupt, nur äußerst selten der Fall. Die Ausstrahlung einer Gottheit kann zur energetischen Komposition einer Person gehören, aber sie betrifft nicht die Gesamtheit des Individuums.

In einem stark veränderten Bewusstseinszustand kann sich der Fokus der Identifikation auf die Ausstrahlung des Gottes oder

der Göttin verlagern. Aber das sind vorübergehende Identitätsverlagerungen.

In den meisten Fällen verankert sich die Ausstrahlung der Hathoren bereits vor der Empfängnis, in selteneren Fällen im Mutterleib. Nur extrem selten lässt sie sich willentlich herbeiführen. Die Entscheidung, wann und wo eine Hathor-Ausstrahlung auftritt, ist ein äußerst komplexes Phänomen und wird von vielen Faktoren beeinflusst.

Manche Wesen leben ihr ganzes Leben lang mit Hathor-Ausstrahlung, ohne davon zu wissen. Anderen ist bewusst, dass sie etwas in sich tragen, was anders ist, und spüren eine Resonanz mit dem, was wir vermitteln. Manche Wesen bringen diese Ausstrahlung durch ihr Denken, ihre Ansichten und ihr Verhalten zum Ausdruck. Ein paar wenige Träger dieser Emanationen wirken als Kanäle für unsere Informationen und/oder als Heiler.

Aus unserer Sicht ist niemand wertvoller, wenn er eine Hathor-Ausstrahlung hat. Sie beeinflusst lediglich die Wahrnehmung und öffnet Zugänge, von denen andere keine Ahnung haben.

Es gibt für das Auftreten einer Hathor-Ausstrahlung verschiedene Gründe. Das trifft genau genommen nicht nur auf Hathor-, sondern auch viele Ausstrahlungen spiritueller Wesen zu.

Solche Ausstrahlungen einer Gottheit oder eines Wesens aus einer höheren Dimension steigen oft in die Welt der Materie herab, um die Begrenzung von Zeit und Raum zu erfahren. Der Druck, der mit dem Leben in dieser Wirklichkeit einhergeht, stellt für die spirituelle Weiterentwicklung gleichzeitig eine große Herausforderung und eine enorme Chance dar.

Die Befreiung von diesen Begrenzungen führt zu einer Meisterschaft über Zeit und Raum, durch die sich die spirituellen Fähigkeiten weiter entfalten können. Dazu gilt es, die hypnotische Kraft der Maya bzw. der Illusion eurer Welt zu durchschauen. Wenn euch das gelingt, wird die Fähigkeit eures Bewusstseins, Situationen zu transzendieren und zu transformieren, enorm zunehmen.

Unserer Ansicht nach ist dies das Zeichen von spiritueller Meisterschaft: die Fähigkeit, Situationen, denen ihr begegnet, zu transzendieren und zu transformieren. Das ist für die meisten Emanationen der Grund, in die Welt der Materie hinabzusteigen.

Ein paar wenige Emanationen kommen auch in die Welt der Materie, um ein neues Verständnis zu vermitteln. Diese können dann die Form von Lehrern und/oder Heilern annehmen. Aber selbst wenn sie herabgestiegen sind, um zu lehren und zu heilen, müssen sie sich mit den Begrenzungen von Zeit und Raum auseinandersetzen.

In manchen Fällen, wenn egozentrische, wahnhafte Projektionen auftreten, können sich solche spirituellen Emanationen auch negativ auswirken. Wir meinen damit, dass es innere spirituelle Ausstrahlungen gibt, die zum menschlichen Wesen gehören. Im Gegensatz zum menschlichen Wesen verfügen diese jedoch über ein Potenzial, Raum und Zeit zu transzendieren, und verleihen ein überlebensgroßes Gefühl.

Wenn das Individuum psychisch unausgeglichen ist, können Ego-Projektionen auftreten. Die Person stellt sich vor, dieses spirituelle Wesen zu sein, um damit der einengenden psychischen Fehlfunktion zu entrinnen.

Solche Menschen werden ihre Identifikation mit der Emanation verteidigen und andere Aspekte ihres Wesens, die nicht zur Emanation gehören, verleugnen – vor allem die Schattenbereiche ihrer Persönlichkeit (das heißt: nicht angenommene Teile von sich selbst). Je nach Art der Wahnvorstellungen ihres Ego und ihrer psychischen Unausgeglichenheiten können sich solche Menschen leicht zu spirituellen Tyrannen entwickeln.

Für Menschen, die mit solchen Personen zu tun haben, kann das sehr verwirrend sein, denn spirituelle Emanationen strahlen Macht und Charisma aus. Sie wirken anziehend und bezaubernd. So mancher Schüler ließ sich von einem Lehrer bezaubern und übersah dadurch dessen psychische Störungen. Der Schüler erlebte vielleicht in einem Moment die Erhabenheit der Emanation und sah sich im nächsten Moment, wie in einem psychischen Kaleidoskop, einer vergifteten, potenziell gefährlichen Person gegenüber.

Wir übermitteln euch diese Informationen, weil immer mehr dieser spirituellen Ausstrahlungen in diese Welt kommen. Das gehört zum Wiederaufstiegsprozess der Menschheit. Eine spirituelle Emanation, sei es die eines Hathors oder von jemand anderem, kann für den Betroffenen eine tiefe, bereichernde Erfahrung sein.

Wie bei allem im Leben kommt es auch hier entscheidend auf das Gleichgewicht an.

Wenn ihr eine spirituelle Ausstrahlung in euch tragt, ist es noch wichtiger, euch selbst zu kennen, und zwar psychisch wie spirituell.

Die Psyche eines Individuums ist nur selten auf demselben Niveau wie die spirituelle Emanation. Die Person ist also gut beraten, der Emanation zu erlauben, ihre Psyche anzuheben, die Energien von der Emanation in das innere Heiligtum ihres Geistes und Herzens strömen und sich vom lichthaften Wesen der Emanation erleuchten zu lassen. Darüber hinaus wäre es weise, der spirituellen Emanation zu erlauben, auch die Dunkelheit des eigenen Unbewussten auszuleuchten.

Ihr könnt solche Emanationen auch durch die Brille der Physik betrachten. Sie treten zwar in einem spirituellen Kontext auf, aber das Phänomen an sich hat mit Physik und Energie zu tun.

Alles, was es gibt, befindet sich in Schwingung. Die Schwingungsfrequenz hängt davon ab, welches Energieniveau zum Ausdruck kommt. Spirituelle Emanationen schwingen sehr schnell.

Doch lasst uns die Sache aus einer weltlicheren Perspektive betrachten. Wenn ihr eine Glühbirne einschaltet, werden Lichtemanationen (Photonen) in das Umfeld ausgestrahlt. Der Glühfaden in der Glühbirne wird durch elektrischen Strom aktiviert. Dadurch beginnt der Faden zu glühen – es sei denn, es handelt sich um ein anderes, nicht passendes Glühbirnenmodell. Dieses Glühen setzt die Photonen frei, die ihr als Licht seht.

Mithilfe des Lichts könnt ihr Dinge erkennen, die ihr in der Dunkelheit nicht seht. Der menschliche Sehsinn kann nur einen kleinen Ausschnitt des elektromagnetischen Spektrums wahrnehmen. Dieser Ausschnitt von Energie wird von euren optischen Nervenzellen als Licht interpretiert. Dieses physische Licht ist eine Emanation, die von der elektrischen Aktivierung des Glühfadens hervorgerufen wird.

Wenn wir dieses Prinzip auf die subtileren Bereiche der Materie übertragen, können wir das mithilfe eines alten yogischen Konzepts tun, welches *Shakti* genannt wird. Alles, was schwingt, besitzt Shakti. Alle Atome schwingen mit Shakti.

Ihr seid euch dessen zwar nur bewusst, wenn ihr euch in einem sehr erweiterten Bewusstseinszustand befindet, aber jedes Atom und jede Zelle eures Körpers funkelt und vibriert vor Shakti. Wenn ihr noch tiefer eintaucht, in die Welt der subatomaren Teilchen und noch tiefer in das, was wir *reines Bewusstsein* nennen, wird Shakti sehr subtil und potent. Das ist der Bereich der spirituellen Shakti oder der spirituellen Emanationen. Je subtiler die Emanation, desto mächtiger ist ihre potenzielle Wirkung.

Wir möchten noch einmal auf eine vorhergehende Bemerkung zurückkommen. Es ist einem Menschen möglich, eine Emanation in sich zu tragen, ohne sich dessen bewusst zu sein. Diese Ausstrahlung wirkt sich auf seine Umgebung aus, selbst wenn er nicht darum weiß.

Bestimmte Arten von Emanationen wirken auf andere anziehend. Sie fühlen sich auf unerklärliche Weise zu diesem Menschen hingezogen, ohne dass es etwas mit dessen Persönlichkeit zu tun hätte. Darin zeigt sich die anziehende Wirkung solcher Ausstrahlungen.

Klang als Überträger einer Intention

Abgesehen von den gegenwärtig verfügbaren Informationen und einigen wenigen guten Workshops gibt es meiner Ansicht nach kein besseres Heilungsinstrument als die menschliche Stimme. Aber aus irgendeinem Grund setzen wir sie nie ein. Bislang sind wir immer zu Lehrern wie Tom gegangen, um himmlischen Klängen zu lauschen und unsere DNA zu aktivieren, unsere Störungen aufzuheben und das Klangpotenzial in uns selbst zu entdecken … Und das ist nur jenen gegeben, die das Glück haben, dabei zu sein.

◎ Da es mir gerade um das menschliche Potenzial geht, möchte ich gerne wissen, wie wir lernen können, mithilfe unserer Stimme unser Bewusstsein zu erhöhen.

Eure Stimme kann euch zu größter Heilung verhelfen oder euch behindern. Wie immer kommt das auf das Individuum an. Der Klang der menschlichen Stimme kann ein starker Träger von Intention sein, und es ist diese Intention, welche die Heilung erzeugt, nicht die Stimme. Wir wollen das genauer erklären, damit ihr die Feinheiten versteht.

In den subtilen Bereichen, über die wir hier sprechen wollen, liegen Macht und Klarheit. Mit subtilen Bereichen meinen wir die verfeinerten Bereiche eures Bewusstseins.

Nehmen wir beispielsweise eure visuellen Eindrücke. Wenn ihr euch umschaut und auf ein Objekt fokussiert, werden eure optischen Nerven von Kaskaden von Photonen stimuliert, die dann von eurem Gehirn in visuelle Eindrücke übersetzt werden. Wenn ihr die Augen schließt und das Objekt nicht mehr anschaut, könnt ihr trotzdem noch einen mentalen Eindruck davon wahrnehmen. Dies ist eine subtilere Ebene.

Der visuelle Eindruck entsteht dann nicht durch Lichtphotonen, die den optischen Nerv stimulieren, sondern durch die neuronalen Netzwerke eures Gehirns, die auf eure Erinnerungen zurückgreifen.

Das ist eine andere Kategorie von Energie. Es ist ein innerlich erzeugter visueller Eindruck. Je tiefer ihr euch in das Bewusstsein hineinbegebt, desto subtiler werden die verschiedenen Ebenen, und die subtilsten Ebenen sind die mächtigsten.

Dies zeigt sich auch in eurer äußeren Welt. Wenn ihr ein Stück Holz verbrennt, wird durch die Oxidation eine gewisse Menge an Energie freigesetzt. Geht ihr jedoch auf die atomare Ebene, könnt ihr durch Kernspaltung oder Kernfusion sehr viel mehr Energie erzeugen.

Je tiefer ihr euch in die Materie hineinbegebt, desto größer ist das Energiepotenzial. Und für das Bewusstsein gilt das Gleiche.

Der Klang der menschlichen Stimme kann, wie gesagt, ein starker Träger sein, aber die eigentliche Heilung entsteht durch die Intention, nicht durch die Stimme. Der Klang der Stimme mag in eurem Nervensystem und in euren Energiekörpern gewisse Reaktionen auslösen; doch die Absicht hinter dem Klang ist eine sehr viel größere Macht.

Wenn ihr mit Hilfe eurer Stimme euch selbst oder andere heilen wollt, müsst ihr euch in eine Bewusstseinsschwingung versetzen, die heilend wirkt. Ihr könnt das durch euer Fühlen tun. Anders ausgedrückt: Durch eure Fähigkeit, zu fühlen, kommt ihr in den Schwingungszustand der Heilung.

Ihr werdet den Schwingungszustand der Heilung an einem gewissen Loslassen erkennen, an einem inneren »Wissen«, dass alles in Ordnung kommen wird. Es ist ein intuitives Wissen. Im Schwingungszustand der Heilung erkennt ihr den Heilungsraum auf eine intuitive, nonverbale, körperliche Art.

Wenn ihr in diesem Zustand seid, strahlt ihr Heilungswellen aus, die euch selbst und anderen zugute kommen können.

Der Schlüssel zu unzähligen Welten

◎ In dem Buch »Die Weisheit der Hathoren« habt ihr gesagt: »Im Klang eurer eigenen Stimme liegt der Schlüssel zu unzähligen Welten.« Was genau meint ihr damit?

Mit Schlüssel zu unzähligen Welten meinen wir verschiedene Dimensionen eures eigenen Bewusstseins. Jede Dimension eures Bewusstseins bringt gewisse Potenziale und Fähigkeiten mit sich, deren Qualität sich von den Fähigkeiten anderer Dimensionen unterscheidet.

Lasst uns das genauer erklären und lasst uns mit dem Einfachen beginnen, auch wenn das Thema sehr komplex ist.

Vielleicht lässt sich dieses Konzept der unzähligen Welten am besten anhand eurer Chakras (oder Energiezentren) erklären. Wenn ihr euch auf euer Herzchakra konzentriert, anfangt, »Hmmmmm« zu summen, und dabei eine Tonlage findet, die in der Mitte eurer Brust zu schwingen scheint, habt ihr den für euch richtigen Ton gefunden. Mit dem Herzchakra zu arbeiten ist sehr sicher und äußerst lohnend.

Das Paradox dieser Welten in euch liegt in den enormen Weiten, die sie im begrenzten Raum eures Körpers bilden. Wenn euer Bewusstsein oder eure Identität so klein wie ein Sandkorn wird, erscheint das Herzchakra sehr groß. Werdet ihr noch kleiner – sagen wir, so groß wie ein Atom –, erscheint der Raum des Herzens noch größer.

In eurem Herzchakra gibt es Energien und Erinnerungen, von denen manche glücklich und manche traurig sind. Wenn ihr euch in diese Welt des Herzchakras begebt, könnt ihr eure Innenwelt erkunden und diese Energien und Erinnerungen nach Bedarf transformieren und transzendieren.

Angenommen, ihr habt ein paar Minuten lang den Fokus auf eurem Herzchakra gehalten und dabei mit dem Hmmm-Klang gearbeitet, und plötzlich taucht eine Welle der Traurigkeit auf. In dieser Welle der Traurigkeit wird die Energie einer Erinnerung oder eines Energiemusters freigesetzt, welches im Herzen festgehalten wurde.

Es könnte genauso gut eine Welle der Freude oder der Ekstase sein. Doch in diesem Gespräch möchten wir uns auf »negative« Emotionen konzentrieren. Wenn ihr merkt, wie diese Emotion aus eurem Herzchakra aufsteigt, verleiht ihr »eine Stimme«.

Die Geräusche, die ihr macht, entsprechen dem, was ihr innerlich fühlt. Indem ihr diese Gefühle durch Klänge reflektiert, könnt ihr dieses Gefühl transformieren.

Wendet ihr diese Methode durchgängig an, dann werdet ihr in einen Heilungszustand kommen, in dem sich das negative oder das unangenehme Gefühl und/oder die Energie auflöst. Dann singt ihr den Heilungsklang zu der Stelle in euch hin, wo die »negative« Emotion war.

Im Umgang mit verstörenden Energien oder Gefühlen ist es wichtig zu verstehen, dass Energie nicht zerstört, sondern nur transformiert werden kann.

Mit Klang in veränderte Bewusstseinszustände kommen

⑥ Ist es eine Tatsache oder scheint es nur so, dass dieser einzelne Ton genauso machtvoll wirkt wie Obertöne? Oder hängt es davon ab, woran wir arbeiten wollen?

Ehrlich gesagt hängt es von der Person ab. Manche Menschen sind sehr empfindsam für Klänge, andere weniger. Manche Menschen haben es lieber ruhig und können in dieser Stille sehr tief gehen. Andere brauchen etwas wie Klang, um sich davon in erweiterte Bewusstseinszustände tragen zu lassen.

Das Entscheidende ist, in erweiterte Bewusstseinszustände zu kommen. Wie ihr dahin gelangt ist weniger wichtig, entscheidend ist, diese Bereiche direkt zu erfahren.

Eure DNA reagiert auf äußere und innere Umstände und passt sich ihnen ständig an.

Wenn die äußere Wirklichkeit eine höhere spirituelle Meisterschaft erfordert, wird eure DNA sich darum bemühen. Die meisten Menschen leben jedoch ihr Leben, ohne sich je der Herausforderung zu stellen, höhere Ebenen zu erklimmen.

Die DNA reagiert auf emotionale Wellenmuster und linguistische Strukturen sehr sensibel. Die Emotionen, denen ihr gewöhnlich nachgebt, beeinflussen also eure DNA.

Entscheidet ihr euch, kohärente emotionale Zustände zu erzeugen, wird eure DNA anfangen, sich selbst zu regulieren, und leichter Energie und Informationen aus den Bereichen des Lichts aufnehmen.

Wenn ihr euch in einem kohärenten emotionalen Zustand befindet und in einfachen, überzeugenden Sätzen mit eurer DNA redet, wird diese darauf reagieren. Durch die Dreiheit der Klänge kann das noch effektiver erreicht werden.

Indem ihr euch in den bereits erwähnten Heilungszustand begebt (das Gefühl, geheilt zu sein) und euch vorstellt, diesen Klang zu hören, während ihr in einen kohärenten emotionalen Zustand geht und mit einfachen Sätzen zu eurer DNA sprecht, setzt ihr große innere Kräfte in Gang. Die Sache sollte euch auf jeden Fall einen Versuch wert sein, und wie bei jeder Fähigkeit werdet ihr mit entsprechender Übung immer besser darin.

Wenn wir von kohärenten Emotionen sprechen, meinen wir Emotionen, die euch ein Gefühl der Kohärenz, der Zentriertheit und der Vollständigkeit vermitteln. Dazu gehören Gelassenheit, Frieden, Wertschätzung und Dankbarkeit.

Es spielt dabei keine Rolle, wie ihr diese emotionalen Zustände erzeugt. Sie sind für eure DNA wie Nahrung. Und sie sind ein wundervolles Terrain, welches sich zu erkunden lohnt.

Sirenen

๑ Noch ein paar letzte Worte zum Thema Klang. Zu den besonders geheimnisvollen Legenden gehören die Berichte über die Sirenen. Wer waren sie, falls es sie wirklich gab, was war ihr Zweck? Und vor allem, wie machten sie diese Geräusche unter Wasser?

Es gab Sirenen, und es gibt sie heute noch. Die Lemurier wussten um sie, und auch den alten Griechen waren sie bekannt.

Sirenen sind Astralwesen. Sie leben in dem Bereich zwischen der Materie und dem reinen Licht. Ihre Stimmen haben die Macht der Verzauberung. Die Sirenen können ihre Klänge genauso unter Wasser wie an der Luft erzeugen. Wer sie hört, wird davon angezogen wie die Motten vom Licht.

Wenn ein Astral- oder ein menschliches Wesen in ihre Nähe kommt, verwenden die Sirenen ihre Zauberkraft, um dieses Wesen näher an sich heranzuholen. Ist es nahe genug, können sich die Sirenen energetisch daran laben. Sie sind gefährliche Parasiten und gleichzeitig verlockend und verführerisch.

Es gibt auch heute noch Sirenen in der Welt, und in gewissen Dimensionen des Bewusstseins kann man ihnen begegnen. Wir raten euch, sie zu meiden.

Von Zeit zu Zeit erscheinen Sirenen in menschlicher Form. Diese menschlichen Sirenen sehen äußerlich wie Menschen aus, aber energetisch sind es Sirenen. Sie ernähren sich von der Energie anderer. Das ist manchmal schwer zu erkennen, weil sie so geheimnisvoll und verführerisch wirken.

Manifestation und Schöpfung

In den Informationen zur Sphäre aller Möglichkeiten sagt ihr: »Das Thema ›Wertschätzung und der Schöpfungsakt‹ gibt sehr viel her, und wir hoffen, wir können uns eines Tages eingehender damit beschäftigen.«

◎ Ich meine, dies könnte viel zum Prozess der Manifestation und der Mitschöpfung beitragen. In diesem Bereich tun wir uns noch sehr schwer, vor allem was Beziehungen und finanzielle Ergebnisse angeht.

Wir können dieses Thema aus dem Blickwinkel des Konstruierens von Ergebnissen angehen. Mit Konstruieren meinen wir hier gezielte Energien, vor allem die Energie der kohärenten Emotionen und ihre Wirkung auf den Manifestationsprozess. Wenn ihr euch ein Ergebnis vorstellt, zum Beispiel etwas, was ihr in euer Leben bringen möchtet, stehen euch verschiedene Wege zur Verfügung.

Der erste ist, wie gesagt, etwas zu tun, um das Gewünschte in diese Wirklichkeit zu bringen. In eurer Welt müsst ihr etwas tun, damit es passiert.

Der zweite Handlungsansatz besteht darin, das gewünschte Ergebnis zu verstärken, indem ihr es euch detailliert vorstellt und durch kreatives Imaginieren erlebt, wie es ist, es zu haben und damit zu leben.

Kreative Fantasien wirken als kraftvolle Verstärker, doch in der 3-D-Welt sind sie kein Ersatz für konkretes Handeln.

Der dritte Handlungsansatz verwendet eine dreieinige Kraft, um die Manifestation zu verstärken. Hier wird ein magnetischer Attraktor eingesetzt, der durch eure Gefühle erschaffen wird.

Wenn ihr euch im Klaren darüber seid, was ihr manifestieren wollt, können kohärente Emotionen die Energien des Verlangens nach dem Gewünschten verstärken. Wenn ihr den Manifestationsprozess durch kreative Fantasien verstärkt und erlebt, wie es ist, das Gewünschte bereits zu haben, erzeugt ihr kohärente Emotionen und damit den magnetischen Attraktor. Ihr erlebt also Dankbarkeit und Wertschätzung für das Ergebnis, obwohl es sich noch nicht manifestiert hat.

Fügt ihr diesen magnetischen Attraktor der kohärenten Emotionen beiden Handlungsansätzen bei, so entsteht eine mächtige dreieinige Kraft, durch die sich das Erwünschte mit größerer Wahrscheinlichkeit manifestiert. Wir möchten ergänzen, dass diese Art von magnetischem Attraktor das Ergebnis oft sogar verbessert, es sich also sogar besser manifestiert, als ihr es euch vorgestellt habt.

Wir möchten dieses Thema noch ein wenig vertiefen, indem wir über die Konstruktionsprinzipien sprechen, die dabei zum Einsatz kommen.

Euer menschliches Fühlen erzeugt harmonische oder disharmonische Energiefelder, die wir *kohärente* oder *inkohärente Emotionen* nennen. Es ist ähnlich wie beim Licht, welches auch in zwei Formen auftritt: als gestreutes Licht oder als kohärentes Licht, das auch als Laserlicht bezeichnet wird.

Normalerweise fliegen die Photonen (Lichtteilchen) einfach chaotisch durch die Gegend. Bei einem Laserstrahl werden die Photonen jedoch in kohärenten Bahnen gebündelt. Die Photonen sind jetzt aufeinander abgestimmt, womit sie ganz gezielt eingesetzt werden können, um harte Materie zu durchschneiden oder zauberhafte Holografien zu erzeugen.

Eure Gefühle verhalten sich ähnlich wie gestreutes Licht und Laserlicht.

Wie uns aufgefallen ist, tun sich die meisten Menschen schwer damit, länger als ein paar Sekunden bei einem Gedanken zu bleiben. Sie wissen nicht, wie sie kohärente emotionale Zustände erzeugen und über eine gewisse Zeit aufrechterhalten können.

Euer Bewusstsein funktioniert ähnlich wie Laserlicht, doch die meisten Menschen können die Laserfunktion ihres Bewusstseins nur sehr kurz aufrechterhalten, bevor ihre Gedanken abschweifen und die Photonen, sinnbildlich gesprochen, ihre gemeinsame Ausrichtung verlieren. Sie zerstreuen sich, und die Energie verflüchtigt sich.

Wir beziehen uns in so vielen Zusammenhängen immer wieder auf Wertschätzung und Dankbarkeit, weil ihr über eure Gefühle kohärente, laserartige Schwingungsmuster erzeugen könnt, die die Quantenebene der Wirklichkeit beeinflussen.

Euer Fühlen kann also die Organisation der subatomaren Teilchen und subatomaren Kräfte beeinflussen sowie molekulare Strukturen hervorbringen und zerstören, sowohl in eurem Körper als auch unter bestimmten Umständen in eurer äußeren Umgebung. Wir können diese Kraft, die ihr latent in euch tragt, gar nicht genug betonen. Diese Macht beruht auf eurer Fähigkeit, kohärente Emotionen zu fühlen. Wenn ihr kohärente Emotionen erzeugt und diese mit Gedanken oder Absichten kombiniert, erzeugt ihr eine laserartige Kraft.

Die magnetischen Attraktoren, die ihr durch kohärente emotionale Zustände wie Wertschätzung und Dankbarkeit erzeugt, sind faszinierende Strukturen. Es gibt solche magnetischen Attraktoren in der Technologie und in der Dynamik des Menschen.

An diesem Punkt möchten wie noch einen diffizileren Punkt der Konstruktion positiver Ergebnisse durch kohärente Emotionen ansprechen. Die Materie, aus der eure Körper bestehen, und das Licht als weiterer Aspekt eurer Körperlichkeit stehen in einer dynamischen Beziehung. Ihr seid sowohl Materie als auch Licht. Ihr seid euch dessen vielleicht nicht bewusst, aber das Licht transformiert sich in eurem Körper ständig in Materie, und die Materie transformiert sich ständig zurück in Licht.

Diese Übergangszustände zwischen Licht und Materie bergen ungeheure Potenziale. Es mag zu komplex sein, bewusst auf die Übergänge zwischen Licht und Materie einzuwirken, doch wenn ihr magnetische Attraktoren erzeugt, geschieht es auf ganz natürliche Weise.

Nach unserem Verständnis dieser energetischen Prinzipien wäre es sehr nützlich für euch, eine Meisterschaft im Erzeugen kohärenter Emotionen zu entwickeln. Wenn ihr Kohärenz erzeugen könnt, seid ihr in der Lage, die innere Ökologie eures Körpers und eures Geistes zu verbessern und zu stärken. Ihr könnt auch mit größerer Präzision positive Ergebnisse generieren.

Wir möchten hier noch die *Aethos Sound Meditation* erwähnen. Sie ist das Beste, was wir euch anbieten können, um euch in nonduale Bewusstseinszustände zu versetzen und positive Ergebnisse zu erzielen. Diese Klangmeditation ist auch hilfreich, um einschränkende Gedankenformen und Überzeugungen zu verwandeln. Wendet ihr sie zusammen mit den verschiedenen Botschaften an, die wir euch bereits übermittelt haben, wird es ein enormes Potenzial in euch freisetzen und eure Fähigkeit, Situationen in eurem Leben zu transzendieren und zu transformieren, erheblich stärken.*

* Diese Klangmeditation kann kostenlos auf www.tomkenyon.com unter dem Menüpunkt *Listening* heruntergeladen werden.

Kosmische Fenster

Wir hören oft von sogenannten kosmischen »Fenstern«, in welchen das menschliche Potenzial verstärkt werden kann. Was wäre den Hathoren zufolge die beste Zeit, die Fenster zu nutzen?

Es gibt eine ganze Reihe von kosmischen Fenstern, das heißt Zeiten, in denen die Schleier dünner sind und ihr die anderen Bewusstseinsebenen deutlicher spüren könnt. Eines der bedeutendsten ist das, was ihr die *Wintersonnenwende* nennt. Die Energien dieses besonderen Fensters (der Wintersonnenwende) umspannen drei Tage, in denen die feinstofflichen Welten des Lichts zugänglicher sind. Diese drei Tage sind eine ideale Zeit für persönliche Besinnung, Kontemplation und Erneuerung.

Die beiden anderen Fenster, die den Menschen leicht zugänglich sind und aus denen ihr viel Nutzen ziehen könnt, sind die Zeiten kurz vor dem Sonnenaufgang und um den Sonnenuntergang herum. Während dieser Zeiten sind die Schleier zwischen den Welten besonders dünn, und die Elementale sind weniger aktiv. Wenn ihr euch während dieser beiden Fenster Zeit nehmt oder zumindest eines von ihnen im Lauf des Tages bewusst erlebt, werdet ihr merken, wie euer Wohlbefinden zunimmt. Haltet einfach inne und achtet auf eure Gefühle, während ihr kontemplativ den Verlauf der Morgen- oder Abenddämmerung betrachtet. Diese einfache Übung ist sehr lohnend.

Die Elementale sind subtile, bewusste Energien, die mit den fünf primären Elementen Erde, Luft, Feuer, Wasser und Raum zusammenhängen. Es sind archetypische Kräfte, die nichts mit den Elementen eurer Periodentafeln zu tun haben. Es sind bewusste Wesen.

Wenn die Sonne auf- oder untergeht, verzaubert die Veränderung des Lichts und der Energie die Elementale eurer Erde. Sie verfallen in eine Art hypnotischen Zustand. In der Ruhe, die dadurch entsteht, könnt ihr die feinstofflichen Welten besser spüren, weil die Elementale nicht so viel Unruhe verursachen, denn sie sind verzaubert.

Wenn ihr die Drehung der Erde betrachtet, seht ihr, wie sich die Zeiten des Sonnenaufgangs und -untergangs und damit die Zeiten, in denen die Elementale einer Gegend verzaubert sind, über die Oberfläche des Planeten bewegen. Es sind flüchtige, vorübergehende Momente.

Haltet ihr während des Sonnenaufgangs und/oder -untergangs inne und spürt der Verwandlung des Lichts und der Energie mit allen Sinnen nach, dann werdet ihr merken, wie Wohlbefinden in euch aufsteigt. Nach einer Weile könnt ihr den Strom der Gnade und Anmut (engl. *grace*) spüren, der alle Welten durchzieht. Dieses Empfinden von Gnade und Anmut vereint alle Welten, von den höchsten Ebenen des Lichts bis zu den am niedrigsten schwingenden Welten der Materie. Unserem Verständnis und Empfinden nach zeigt sich Anmut in einer Harmonie zwischen divergenten Teilen. Die Ästhetik der Anmut kann durch Kunst, Musik und durch spirituelle Erhabenheit vermittelt werden.

Es mag euch zunächst merkwürdig erscheinen, bis ihr es wiederholt erlebt habt. Merkwürdig wegen des Wohlbefindens, welches in euch aufsteigt, während ihr in der Morgen- oder Abenddämmerung innehaltet und den Moment, in dem sich das Licht und die Energie verändern, sinnlich erlebt. Dieses aufsteigende Wohlgefühl ist keine logische Erfahrung. Es mag euch ganz elend zumute sein, doch wenn ihr während eines dieser Fenster innehaltet, könnt ihr vorübergehend oder dauerhaft aus eurem Elend herausgeholt werden. Dies geschieht nicht durch irgendeine äußere Kraft, sondern durch die Erhabenheit der Kraft des Kosmos, die ihr seid und von der ihr ein Teil seid. In jenem kostbaren Moment, in dem ihr die harmonischen Beziehungen des Kosmos erkennt und spürt, erfahrt ihr Anmut und Gnade.

Globale Ereignisse

Da wir alle auf individueller und kollektiver Ebene Mitschöpfer dieses enormen Experiments sind, erschaffen wir bewusst oder unbewusst alle Ereignisse, die guten wie die schlechten, um unser Verhalten zu verändern. Diese Ereignisse werden oft als negativ dargestellt. Natürlich ist es für jene, die sie durchleben, oft schwer, sie anders als negativ zu betrachten, weil die Ereignisse Emotionen auslösen. Ölpest, Kriege, Völkermord ..., und doch habe ich beobachtet, wie solche Ereignisse die Menschheit auch zusammenzuführen und einem potenziellen Wandel näher zu bringen scheinen. Und Mutter Erde scheint immer zu wissen, wie sie sich wieder ins Gleichgewicht bringen kann.

๑ Sind diese Ereignisse nicht vielleicht auch Sprungbretter, die Veränderungen in dieser Welt der Dualität ermöglichen, womit uns unser Höheres Selbst dazu bringt, mehr Mitgefühl zu entwickeln?

Durch die Beschleunigung der Zeit verdichten sich die Ereignisse. Dadurch geraten die Menschen unnötig unter Druck und Stress. Wir nennen den psychischen Stress, der durch die Anpassung an die Beschleunigung der Zeit entsteht, *Dreh- und Angelpunkte.** An solchen Punkten kommen gegensätzliche Kräfte zusammen.

Wippen sind dafür ein perfektes Beispiel. Zwei Leute sitzen auf den entgegengesetzten Enden eines Brettes, welches in der Mitte auf einem Hebelpunkt aufliegt. Wenn eine Person hinaufwippt, geht die andere nach unten. Diese Bewegung durch die Polaritäten erzeugt einen Druck auf den Hebel- bzw. Angelpunkt. Das Ausmaß des Drucks hängt vom Gewicht der Personen ab. Je mehr Gewicht auf der Wippe sitzt, desto größer ist der Druck auf den Angelpunkt. Durch eine höhere Wippgeschwindigkeit steigt dieser Druck weiter an.

Diese Metapher lässt sich auch auf die Weltereignisse übertragen. Für euch Menschen ist euer biologischer Organismus der Dreh- und Angelpunkt. Die physiologischen Prozesse in eurem Körper reagieren auf den Stress, den ihr erlebt. Manche Ereignisse

* Begriff im Englischen: *Fulcrum Points* (*Fulcrum* bedeutet *Festpunkt eines Hebels, Angelpunkt*). (Anm. d. Red.)

in eurem Leben sind neutral, andere erzeugen ein bisschen Stress, und wieder andere Ereignisse, zum Beispiel eine persönliche oder kollektive Krise, können enormen Stress auslösen. Der Angelpunkt eures Körpers muss sich der Beschleunigung von individuellen und kollektiven Stressauslösern anpassen.

Zum Glück ist der menschliche Organismus sehr anpassungsfähig, und es ist durchaus möglich, sich mit mehr Leichtigkeit immer wieder auf wechselnde globale und persönliche Situationen einzustellen. Dazu muss man allerdings ein Verständnis dieses Angelpunktes und der Möglichkeiten entwickeln, über euer menschliches Potenzial hinauszuwachsen. Damit meinen wir insbesondere das Potenzial, mit neuen, potenziell Stress auslösenden Situationen auf neue Art und Weise umzugehen.

Euer persönlicher Angelpunkt ist jeweils individuell, weil die physischen Reaktionen eures Körpers individuell verschieden sind. Eure körperliche Reaktion auf Stress ist instinktgesteuert und im Wesentlichen unbewusst; dennoch handelt es sich um erlerntes Verhalten. Eure persönliche Stressreaktion entsteht aus eurer Biologie, eurer persönlichen Geschichte, euren Überzeugungen und euren physischen Ressourcen wie Nahrung, Wasser und Luft.

Zwei Menschen können dieselbe Krise erleben und ganz unterschiedlich darauf reagieren, und zwar, weil Stress – wie alle Dinge im Leben – relativ ist und es auf den Betroffenen ankommt.

Manche meinen, die globalen Ereignisse seien von einer höheren Macht gesteuert, um die Menschen zu inspirieren oder zu zwingen, ihr Bewusstsein anzuheben. Wir sehen das anders.

Es gibt keine höhere Macht, die die Weiterentwicklung der Menschheit steuert. Die Menschheit bringt ihre Zukunft selbst hervor. Eure persönlichen Entscheidungen wirken sich unmittelbar auf die Kraft und die Beweglichkeit eures Angelpunktes aus. In gewissem Umfang beeinflussen sie auch das Kollektiv. Doch der stärkste Einfluss und die größte Schwierigkeit liegen in der Veränderung eurer selbst.

Je mehr sich die Zeit beschleunigt, desto stärker wird der Stress, dem ihr persönlich und kollektiv ausgesetzt seid. Eure Fähigkeit oder Unfähigkeit, mit dem Druck am Angelpunkt umzugehen, wirkt sich direkt darauf aus, was euch in eurem persönlichen

Leben gelingt und was ihr kollektiv beitragen könnt. Ihr könnt nicht geben, was ihr nicht habt, und ihr könnt nicht zur kollektiven Bewusstseinsanhebung beitragen, wenn die Kräfte eures eigenen Angelpunktes euch verrückt machen.
An dieser Stelle der Diskussion stehen wir gewissermaßen am Scheideweg. Der eine Weg führt zum Handeln in der äußeren Welt, der andere zu Seinszuständen in der inneren Welt.

Dabei geht es nicht um Entweder-oder. Die meisten Menschen fokussieren sich jedoch auf das eine oder das andere. Entweder sie bemühen sich darum, die Welt durch ihr Verhalten in der äußeren Welt zu verändern, oder sie versuchen, durch Veränderungen ihrer inneren Wirklichkeit Einfluss zu nehmen. In manchen Fällen versuchen sie auch, der äußeren Wirklichkeit zu entfliehen, indem sie sich nach innen wenden. Das ist jedoch keineswegs eine kreative Lösung der Stressbewältigung, sondern führt zur Verdrängung; eure Geschichte und euer Schicksal wenden sich damit zum Schlechteren. Damit meinen wir, dass ein Verdrängen der Situation keine Lösung ist.

Verdrängung verlängert nur, was sie zu vermeiden sucht. Wenn es in einer Familie, einer sozialen Gruppe oder in einer ganzen Zivilisation Gewalt gibt, bringt es nichts, so zu tun, als gäbe es sie nicht. Vielmehr haben die für die Gewalt verantwortlichen negativen Kräfte dann freie Bahn, weil niemand »Nein« zu ihnen sagt. Manchmal besteht der größte evolutionäre Beitrag darin, zu einer Situation »Nein« zu sagen.

Die Tatsache, dass Menschen mit spirituellen Neigungen oft sehr sensibel sind, macht dieses Paradox noch ausgeprägter. Um sich zu schützen, schauen sie weg, sobald es für sie unangenehm wird. Manche sind besonders geübt darin, in ihre inneren Welten zu entfliehen und die Welt der Konflikte damit hinter sich zu lassen. Sie nehmen zu sich selbst Zuflucht, doch der Preis dafür ist die Abspaltung von der Realität ihrer irdischen Erfahrung, in diesem Fall dem, was ihnen unangenehm ist.

Wenn zu viele Menschen einer äußeren negativen Situation entfliehen, indem sie in ihren inneren Welten Zuflucht suchen, bleibt niemand mehr übrig, der in der äußeren Welt »Nein« sagt. Dann haben die negativen Kräfte freie Bahn, die äußere Welt und damit die irdische Erfahrung nach Belieben zu gestalten. So wenden sich eure Geschichte und euer Schicksal zum Schlechteren.

Es gibt viele Beispiele dafür, wie negative Kräfte den Verlauf der Geschichte in ihrem Sinne bestimmt haben. Und wenn das nicht erkannt oder verdrängt wird, wiederholt sich die Geschichte. Das meinen wir, wenn wir von der Verschlimmerung der Geschichte und des Schicksals sprechen.

Das führt uns überraschenderweise zurück zum Angelpunkt und unserem Gespräch über globale Ereignisse. Die Beschleunigung der Zeit ist unausweichlich. Wie ihr damit umgeht und wie eure Kultur damit umgeht, wird jedoch eure Geschicke und das Schicksal vieler nachfolgender Generationen beeinflussen.

Wir raten euch zu einem Umgang mit dem Angelpunkt, der beides zusammenbringt, einerseits das Handeln in der äußeren Welt und andererseits die Zuflucht zu euren inneren Welten. Lebt eure Werte. Findet den Mut, »Nein« zu Situationen um euch herum zu sagen, die ihr als negativ empfindet. Findet jenen Zufluchtsort in euch selbst, wo ihr euch regenerieren könnt, nicht um der äußeren Welt zu entfliehen, sondern um euch als spirituelles Wesen, welches eine menschliche Erfahrung macht, zu stärken und zu festigen.

Es gibt viele, viele Möglichkeiten, in sich selbst Zuflucht zu finden und sich zu festigen. Wer von euch gut auf die Heilkräfte des Klangs anspricht, der kann der *Aethos Sound Meditation* lauschen und mit der dazu passenden Meditation arbeiten, die wir an anderer Stelle beschrieben haben. Dies ist keinesfalls der einzige Weg; es ist einfach nur ein Weg. Wie auch immer ihr es anstellt, ihr müsst einen Weg finden, flexibler und stärker zu werden.

Zu guter Letzt …
Mitgefühl und das menschliche Potenzial

Mitgefühl ist die Fähigkeit des empathischen Bezeugens. Es bedeutet, mit jemandem zu fühlen. Mitgefühl erfordert daher zunächst kein Handeln. Es muss nichts getan werden. Es ist einfach der Akt, urteilsfrei und empathisch Zeuge zu sein.

Aus Mitgefühl entsteht das, was *liebevolle Fürsorge* oder (im Buddhismus) *liebende Güte* genannt wird. An diesem Punkt wird das Mitgefühl aktiv. Durch Akte *liebender Güte* reicht ihr anderen eine helfende Hand. Ihr tragt dazu bei, die Situation so harmonisch und einfallsreich wie möglich zu lösen. Doch hier kommt auch die Dualität ins Spiel, und darauf möchten wir näher eingehen.

Mitgefühl ist, wie gesagt, der Akt des Bezeugens, die empathische Reaktion des menschlichen Herzens. Es geht nicht um Sympathie, sondern eben um ein Mitfühlen mit den Betroffenen. Die Kraft des Mitgefühls transzendiert die Umstände. Wahres Mitgefühl transzendiert die Welt und kann die Welt und ihr Leiden gleichzeitig empathisch wahrnehmen.

Weil Mitgefühl transzendent ist, bezeugt es nur. Es handelt nicht, sondern sieht die Umstände einer Situation einfach aus mitfühlender Sicht. In der *liebenden Güte* wird dieses Mitgefühl mobilisiert und aktiv.

Das Paradox und die Herausforderung bestehen in den unsichtbaren und unerwarteten Gegenkräften, die in dieser Welt mit jedem Handeln verbunden sind. Deswegen muss *liebende Güte* mit Weisheit einhergehen. Wenn ihr aus Mitgefühl unüberlegt in eine Situation eingreift, um jemandem zu helfen, kann das zu Ergebnissen führen, die ihr nicht gewollt habt.

Ein Akt *liebender Güte* kann sich im Leben der Betroffenen paradoxerweise negativ auswirken, besonders wenn er nicht bewusst durchgeführt wurde. Doch bewusst, sensibel und weise eingesetzte Akte *liebender Güte* gehören zu den wundervollsten Beiträgen, die ihr im Leben leisten könnt. Ohne Sensibilität, Bewusstheit und Weisheit können jedoch gut gemeinte Handlungen mehr Schaden als Gutes anrichten. Wie bei allem im Leben ist es auch hier eine Frage der Balance.

Drittes Buch
der Potenziale

Gespräche mit Magdalena

Das Mysterium der Transformation – Einführung von Tom Kenyon

Sie sind im Begriff, die Abschriften etlicher privater Gespräche zu lesen, die wir im Lauf der letzten Jahre mit Maria Magdalena geführt haben. In diesen Gesprächen ging es um eine große Bandbreite an Themen. Wir fanden die Erkenntnisse von Magdalena äußerst hilfreich, weshalb wir sie hier veröffentlichen.

M, wie ich sie nenne, ist eine Meisterin der Einzeiler – kurzer, prägnanter Aussagen, die einem den Kopf schwirren lassen. Einer davon hat mich besonders ergriffen, vielleicht weil er so ein merkwürdiges Paradox enthält:

»Wahre Transformation braucht keine Hoffnur

In dem Wort »Transformation« stecken zwei Wurzeln – das Wort »Form«, also die Struktur von etwas, und das Präfix »Trans«, was *jenseits, hinüber* oder *durch* bedeutet. Transformation bedeutet also in etwa *jenseits der Form.*

Unsere ganze Welt ist im Zustand der Transformation. Genau genommen ist sie es immer gewesen. Doch aus welchen Gründen auch immer – manche sagen: wegen der Beschleunigung der Zeit – hat die Geschwindigkeit der Transformation zugenommen. Aus dem Industriezeitalter ist das Informationszeitalter und das Zeitalter der Nanotechnologie geworden, dessen Tempo und Schubkraft die westliche Welt ins Wanken bringt. Ganze Industrien und Lebensweisen verschwinden in kürzester Zeit. Neue Technologien treten immer schneller in unser Leben und führen zu dem, woraus das chinesische Schriftzeichen für Transformation zusammengesetzt ist: zu einer Mischung aus Gefahr und Chance.

Wo immer Transformation geschieht, entstehen Chancen. Neue Gebiete werden erschlossen. Indem wir unsere gewohnten

Sichtweisen hinter uns lassen, entstehen neue Wahrnehmungen und neue Arten, in der Welt zu agieren.

Aber es ist auch gefährlich. Die Gefahr entsteht aus der nicht zu leugnenden Tatsache, dass wir das neue Terrain, auf das wir uns begeben, nicht kennen und vielleicht etwas tun, was wir später bedauern könnten. Das gilt im Übrigen für alle Arten von Transformation.

Da ich gerade vom Zeitalter der Informationen und Nanotechnologie spreche, will ich ein einfaches, aber markantes Beispiel anführen: Die Entwicklung der Pestizide leitete eine neue Ära der Landwirtschaft ein, genauso wie die Entwicklung von Plastik aus Petrochemikalien die Herstellung der unendlichen Fülle von Geräten ermöglichte, von denen unsere moderne westliche Lebensweise heute so abhängig ist.

d geschieht selbst in der Verzweiflung.«

Dies war und ist eine enorme globale Transformation. Doch sie hat ihren Preis: die Belastung unseres Ökosystems mit giftigen Chemikalien und Stoffen, die es noch nie in der Biosphäre gab.

Bereits Anfang der Sechzigerjahre erkannte Rachel Carson die Gefahren dieser Art von Transformation – vor allem des Ausbringens chemischer Stoffe in die Umwelt. 1962 veröffentlichte sie ihr wissenschaftlich gut untermauertes Buch »Der stille Frühling«, was vielen als die Geburtsstunde der Ökobewegung gilt.

Während ich diese Worte 51 Jahre später schreibe, leidet unsere Umwelt immer noch unter dem technologischen Fortschritt. Wie wir das Tempo und die Art unserer technologischen Entwicklung steuern – oder nicht steuern –, wird wesentlich bestimmen, wie unsere Zukunft auf diesem Planeten aussieht.

Dabei spielt noch ein weiteres Element eine Rolle, welches der Zukunftsforscher Alvin Toffler als »Zukunftsschock« bezeichnet. Wir sind weder biologisch noch evolutionär auf das herrschende Transformationstempo vorbereitet. Immer mehr ereignet sich immer schneller, und immer mehr von uns reagieren darauf mit einer Art Schockzustand.

Die Hopi nennen diesen Zustand der Welt *Koyannisqatsi* – das heißt *Leben im Ungleichgewicht.* Aus Sicht der indigenen Völker beruht unser kollektives postmodernes Unbehagen einfach auf einer Trennung von der Erde. Und nur indem wir uns wieder mit der Erde und unserem Ökosystem verbinden, können wir gesunden.

Ich halte es für einen höchst kreativen und mutigen Akt, in einer grundlegend dysfunktionalen Kultur sein Gleichgewicht zu finden. Dieses Gleichgewicht ist unerlässlich, wenn wir auf unserer spirituellen Reise unseren Weg durch den Irrgarten der *Maya* (der Illusionen dieser Welt) finden wollen oder durch das, was ich *Techno-Maya* nenne: die durch technologische Massenhypnose hervorgerufenen Illusionen des 21. Jahrhunderts, durch welche die Menschen leichter kontrolliert werden können.

All dies führt uns, die wir danach streben, unser Bewusstsein anzuheben, zur entscheidenden Frage: Wie können wir mit der Hoffnungslosigkeit und Verzweiflung umgehen, die in vielen von uns auftaucht, wenn wir den Zustand unseres Ökosystems betrachten, den zunehmenden Wahnsinn in unserer Welt, ganz zu schweigen von der technologischen Manipulation von Informationen?

Als Magdalena jene Bemerkung machte, dass wahre Transformation keine Hoffnung brauche und selbst in Verzweiflung stattfinde, sprach sie über den Prozess der persönlichen Transformation. Doch das gilt sicherlich ebenso für unser kollektives Dilemma.

Der Weg des Eingeweihten erfordert, eine andere Haltung zur Welt und ihren Herausforderungen einzunehmen als üblich. Wenn Sie danach streben, Ihr Bewusstsein weiterzuentwickeln, sind Sie aus meiner Sicht unabhängig von dem von Ihnen gewählten spirituellen Weg ein Eingeweihter oder eine Eingeweihte.

Und für alle Eingeweihten (also auch für Sie), die mitten in *Koyannisqatsi* leben, stellt sich die Frage, wie sie durchhalten können. Wie können wir weiterhin aufwärts leben, wenn so große Teile der Welt wild abwärtszutrudeln und außer Kontrolle zu geraten scheinen?

Letztlich muss sich diese Frage jeder selbst beantworten. Von der Art unserer Antwort auf diese schwierigen und heiklen Fragen kann unser Leben abhängen – zumindest unser spirituelles Leben, unser höheres Bewusstsein.

Da ich darum gebeten wurde, eine Einleitung für diesen Abschnitt des Buches zu schreiben, will ich meine Meinung kundtun. Bitte berücksichtigen Sie dabei, dass sich meine Meinung ständig ändert und ich nächstes Jahr womöglich eine ganz andere Ansicht vertrete als das, was ich im Moment für wahr halte.

Ich sehe das so: Wir sind spirituelle Wesen, die eine menschliche Erfahrung machen – und nicht einfach nur menschliche Primaten mit »Affengehirnen«, die eine spirituelle Erfahrung machen. Der Unterschied zwischen diesen beiden Sichtweisen ist nicht nur semantischer Art.

Mit dem Begriff »spirituell« meine ich einen Aspekt des Bewusstseins, der Zeit, Ort und Umstände transzendiert.

Ein Teil von uns ist nicht ortsgebunden und ist unabhängig von den Tumulten dieser Welt. Ein Teil von uns spürt eine Art von Freiheit, die alles Verstehen übersteigt, weil ihr Ursprung jenseits unserer ortsgebundenen menschlichen Identität und Mühen liegt.

Wie können wir mit diesem ortsungebundenen Aspekt unserer selbst in Kontakt treten? Jeder von uns muss da seinen eigenen Weg finden, manche durch verschiedene spirituelle Traditionen, andere ohne die Hilfe und die Einschränkungen dieser Traditionen, indem sie sich direkt mit ihrer menschlichen Existenz auseinandersetzen. Es ist keine einfache Aufgabe, und sie wird noch dadurch erschwert, dass wir uns kollektiv und individuell unseren Schatten stellen müssen.

Mit dem Wort »Schatten« meine ich unser unbewältigtes emotionales Material, die Schattenseite unseres Selbstbildes, wo Selbsthass, Gewalt und Selbstzerstörung lauern. Das ist kein Ort für schwache Gemüter, und viele von uns, die sich als spirituelle Personen betrachten, tun alles, um ihn zu meiden. Aber das birgt große Gefahren.

Kurz vor seinem Tod meinte der Schweizer Psychiater Carl Gustav Jung, die Menschheit müsse ihren kollektiven Schatten bewältigen, sonst werde sie von ihm zerstört.

Wenn ich mir die heutige Welt betrachte, scheint die Menschheit diese Aufgabe nicht geschafft zu haben. Doch daran sind wir nicht alleine schuld. Ein großer Teil der Verantwortung dafür, dass wir dieses schwierige, dunkle Terrain meiden, liegt bei den Religionen und spirituellen Traditionen bis hin zum New Age.

Das führt mich unweigerlich zurück zu Magdalena und ihrer besonderen Sichtweise. Sie scheut sich nicht vor dunklen, unbewältigten Emotionen, sondern bringt sie vielmehr ins Licht der bewussten Wahrnehmung. Und sie tut das mit einer eloquenten Direktheit, die ich persönlich erfrischend finde.

Das bringt mich zurück zu dem erwähnten Zitat von ihr:

»Wahre Transformation braucht keine Hoffnung und geschieht selbst in der Verzweiflung.«

Wir alle – Sie und ich und die ganze Welt – stecken in einem globalen Mahlstrom. Wir sind Zeugen der Todeszuckungen einer alten Welt und der Geburt einer neuen, und nur die Zeit wird zeigen, ob diese neue Welt lebenswert ist oder nicht. Diese Ungewissheit bringt uns in eine prekäre emotionale Lage.

Es ist nicht leicht, inmitten des Gemetzels unserer sich verwandelnden Gesellschaft den eigenen Weg zu finden. Und viele von uns neigen angesichts der Weltlage zur Schattenseite der Hoffnungslosigkeit und Verzweiflung.

Wie kann es sein, dass – und das ist das Paradox an Magdalenas Aussage – wahre (das heißt: authentische) Transformation sich selbst in der Verzweiflung entfaltet? Ist Verzweiflung nicht der Punkt, zu dem Hoffnungslosigkeit letztendlich führt?

Meiner Ansicht nach Ja und Nein. Wenn wir uns in Verzweiflung suhlen, ohne dass sie in der Psyche einen Gegenpart hätte, ja, dann kann sie leicht das Ende sein. Aber wenn wir (ich meine: Sie und ich) einen Weg finden, unser transzendentes Selbst zu erfahren – oder zumindest jenen Teil von uns, der über mehr Ressourcen verfügt –, dann definieren wir uns nicht mehr über Zeit, Raum und Ort und lassen uns nicht mehr von ihnen begrenzen.

Manche von uns erfahren diese Art der Freiheit durch die Kunst der Transzendenz in spirituellen Traditionen. Andere werden sie durch kreative Erkenntnisse entdecken, die nichts mit dem zu tun haben, was als »spirituell« gilt.

Meiner Ansicht nach ist es weniger wichtig, wie wir ein erneuertes Selbstgefühl erlangen; es geht vielmehr darum, es überhaupt zu tun. Ich meine, wir brauchen diese Art von Erneuerung, die aus den inneren Brunnen der authentischen Spiritualität und/oder aus tiefgründigen kreativen Erkenntnissen herrührt, um das Chaos dieser Welt zu transformieren oder zumindest mit ihm umgehen zu können.

Betrachten wir M's hintergründige Aussage über Transformation und Verzweiflung noch ein letztes Mal.

Der transformierende Prozess, der unser eigenes Leben ausmacht, überschneidet sich unweigerlich mit der größeren Transformation der Welt. Und weil wir kollektiv den Preis für unsere unbewältigten Schatten zahlen, geraten wir von Zeit zu Zeit in die Fänge dunkler Gefühle der Verzweiflung und Hoffnungslosigkeit.

Falls das auf Sie zutrifft – so wie es auf mich zutrifft –, halte ich es für das Beste, diese schwierigen Emotionen als einen *Aufruf zur Präsenz* und nicht als ein Zeichen des Versagens zu betrachten. Hoffnungslosigkeit und Verzweiflung können sicherlich Anzeichen dafür sein, dass alles keinen Sinn mehr hat – aber das muss nicht so sein. Ähnlich wie sich in der griechischen Mythologie die Seeleute vom Gesang der Sirenen bezaubern ließen, lassen sich manche von uns von solchen Gefühlen in Bann schlagen.

Jeder, der die dunklen Fluten der Hoffnungslosigkeit und Verzweiflung kennt, weiß um ihre seltsamen Verlockungen. Aber wir brauchen nicht alles zu akzeptieren, was sich in uns regt.

Mein Rat lautet, diese dunklen Schattenmomente durch kraftvolle spirituelle Erkenntnisse und/oder kühne Kreativität – das heißt etwas radikal anders zu machen als gewohnt – zu transformieren.

Echte spirituelle Erkenntnisse und kühne Kreativität können alle Wahrnehmungen des menschlichen Geistes verändern, auch die Verzweiflung, die dunkelste und am schwersten loszuwerdende aller menschlichen Emotionen.

»Wahre Transformation braucht keine Hoffnung
und geschieht selbst in der Verzweiflung.«

Maria Magdalena

Vorwort zu den Gesprächen mit Magdalena – Von Judi Sion

Viele Synchronizitäten kamen zusammen, um die Atmosphäre zu erzeugen, in der ich New York verließ und mich im Westen niederließ. Mein Traum war es, die Seelenpartner-Informationen eines bestimmten Channel-Mediums zu redigieren. Stattdessen gab man mir die Rechte, seine Lehren über UFOs zu überarbeiten. Nicht genau dasselbe, aber doch ähnlich, oder? Auch Beziehungen können ziemlich seltsam und »außerirdisch« anmuten!

Das Buch erschien unter dem Titel »UFOs und die Beschaffenheit von Wirklichkeit« und stellte meinen ersten Vorstoß in ein völlig neues Genre dar. Ich kann nicht sagen, ob ich vor diesem Buch an »Außerirdische« glaubte oder nicht.

Ich musste zwei Jahre lang die stürmische Nordküste von Orcas Island entlangstapfen, um mir darüber klar zu werden, dass wir von einer außerirdischen Rasse erschaffen wurden und das fehlende Glied zur Entstehung unserer genetischen Struktur von Außerirdischen kam.

Ich musste alles lesen, was Zecharia Sitchin je geschrieben hat, und alles hören, was dieses von mir bewunderte Medium je über Außerirdische und unsere Entstehung gechannelt hat.

Auf diesen langen Spaziergängen durch den Wind analysierte ich all diese Informationen und kam im Lauf dieser zwei Jahre zu einer erstaunlichen Erkenntnis. Falls wir tatsächlich von Außerirdischen erschaffen wurden, um für sie als Sklavenrasse Gold abzubauen, tragen wir den Gedanken der Sklaverei in uns. Das bedeutet, tief in unserem Unterbewusstsein, bis in unsere DNA hinein, sind wir von dem Gedanken beseelt, dienen zu müssen, geringer zu sein als unsere Schöpfer, und uns zu unterwerfen. Das würde eine Menge des menschlichen Verhaltens erklären.

Das war vor 25 Jahren. Seither habe ich das Wort »Gott« durch »Außerirdische« ersetzt. Es ist schließlich alles relativ. Was für den einen »außerirdisch« ist, ist für den anderen »göttlich«.

Wir müssen mit vielen Vorstellungen aufräumen, um den ganzen Zusammenhang zu erfassen. Magdalena sagt, der ganze Zusammenhang würde ohnehin unser Begriffsvermögen übersteigen.

Ich bin dankbar, etliche meiner Vorstellungen los zu sein. Ich sehe nicht mehr zu Göttinnen oder Göttern außerhalb des Selbst auf. Ich verehre die vielen mehr oder weniger brillanten Lehrerinnen und Lehrer, die es gab – solange ihre Lehren die Menschheit nicht weiter versklaven, solange sie nicht behaupten, alles zu wissen, und solange sie nicht so tun, als wären sie der oder die »Einzige«.

Tom und ich arbeiten seit 2001 mit diesem Wesen, welches als Maria Magdalena bekannt ist. Sie verbrachte eine Lebenszeit auf der Erde und ist seitdem nicht zurückgekehrt. Durch die hoch entwickelte Verwendung ihrer vielen KA-Körper kommuniziert sie mit vielen Wesen auf der Erde. Die Klarheit und der Wert der Informationen hängen dabei jeweils vom evolutionären Zustand des jeweiligen Mediums bzw. Kanals ab. Das erklärt, warum es gechannelte Informationen von so unterschiedlicher Qualität gibt.

In den letzten zwölf Jahren haben wir mit Magdalena zahllose Gespräche geführt. Sie hat uns gebeten, im Englischen ihren Namen ohne das letzte »e« zu schreiben, um die Informationen dieses Aspektes von ihr von anderen Informationen anderer Kanäle zu unterscheiden.*

Zuerst näherte ich mich ihr so, wie ich gelernt hatte, mit Gottheiten umzugehen. Ich verhielt mich als Bittstellerin. Ich neigte ehrfürchtig mein Haupt und kroch fast auf dem Boden. Sie hatte nie darum gebeten; das würde sie auch nie tun. Solches Verhalten haben wir in der jüdisch-christlichen Welt gelernt. Heute neige ich mein Haupt vor Bewunderung, weil sie mich mit ihrer Brillanz

* Die klassische englische Übersetzung des Namens lautet *Mary Magdalene* (wobei das letzte e stumm bleibt). Toms und Judis Gesprächspartnerin hingegen schreibt sich *Mary Magdalen.* In der deutschen Übersetzung haben wir auf diese Unterscheidung verzichtet. (Anm. d. Übers.)

und Eloquenz immer wieder in Staunen versetzt. (Kein wahrer Gott und keine wahre Göttin haben je Unterwerfung gefordert. Mancher mag jetzt an Jehova denken, doch das ist eine andere Geschichte von Außerirdischen.)

Ich nenne dieses Material »Gespräche mit Magdalena«, weil unsere Unterhaltungen in einem Ton stattfanden, als wären wir beste Freundinnen. In gewisser Weise ist sie auch meine beste Freundin.

Im Folgenden findet sich auch eine kurze, aber zutiefst bedeutende Mitteilung von Jeshua. Ich musste seine Worte dreimal lesen, bevor ich sie wirklich begriff.

Mein alter Lehrer pflegte zu sagen: »Ja, ich weiß, dass du das schon gehört hast. Aber hast du es dir auch zu eigen gemacht?« Es gibt einen deutlichen Unterschied zwischen »etwas hören« und »sich etwas wirklich zu eigen machen«.

Diese Gespräche entstanden, indem ich – durch Toms herausragende Fähigkeit, sein Gehirn nach Belieben auf jede Frequenz und jedes Wesen einzustimmen – jedes dieser außergewöhnlichen Wesen bat, mit mir über das zu sprechen, was mich bewegte. Hinter den Fragen, die diese Antworten hervorbrachten, steckten immer tiefe Anliegen von mir, für die ich um Klarheit bat.

Das Konzept der Einheit ist seit Langem ein Thema für mich. Ich konnte es nie annehmen. Eines Tages wurde es dann plötzlich bei mehr oder weniger allen Menschen, die Gutes im Sinn hatten, populär, und es wurde Bestandteil der Liebes- und Licht-Show des New Age. Es schien zu den Dingen zu gehören, die niemand infrage stellte.

Nun, ich stelle alles infrage. Und ehrlich gesagt gibt es ein paar Leute, mit denen ich mich weigere, eins zu sein. Zum Beispiel George W. Bush. Während seiner Autokratie war das immer mein kleiner Scherz, aber es war auch meine Wahrheit.

Die Vorstellung, wir seien alle *eine* Seele, alle Funken eines großen, unbändigen Waldbrandes, konnte mich nie überzeugen. Es erscheint mir einfach nicht sinnvoll, und vor allem fühlt es sich nicht richtig an. Und es scheint manchen als Entschuldigung zu dienen, um sich vor der harten Arbeit der Weiterentwicklung zu drücken.

Diese Gespräche fanden also nicht mit der biblischen Maria Magdalena statt, sondern mit einem multidimensionalen Wesen von Arcturus, welches einmal auf der Erde lebte.

Die meisten der Bilder und Geschichten, die wir aus der Bibel kennen, sind Lügen, die von Männern erfunden wurden, die über das damals neu gegründete Organ zur Kontrolle der Bevölkerung namens römisch-katholische Kirche verhindern wollten, dass Frauen Macht und Einfluss haben.

Und da wir gerade beim Thema sind: Falls Sie von den unablässigen Beleidigungen der Kirche gegenüber Magdalenas Leben auf dieser Erde beeinflusst wurden, empfehle ich Ihnen dringend, die Wahrheit hinter diesen Lügen zu erkunden.

Papst Gregor fing damit an, Gerüchte über sie zu verbreiten, deren einzige Grundlage seine eigene Frauenfeindlichkeit war. In diesem vielfach gefälschten Geschichtenbuch namens Bibel wird nirgends etwas über ihren Charakter ausgesagt. In Wahrheit setzte Papst Gregor einfach ein Gerücht in die Welt, indem er verschiedene Erwähnungen weiblicher Gestalten zusammenfasste, und die Kirche deckte seine Machenschaften, indem sie das »Konflation« nannte. Statt »Konflation« könnte man es auch eine »Vermischung« nennen, einen »Cocktail« oder einen »Komposthaufen« (wobei ich alle Kompostierer um Entschuldigung bitte).

Lassen Sie also bitte alle vorgefertigten Bilder beiseite und öffnen Sie sich einen Moment lang der Möglichkeit, dass diese Worte von einem hoch entwickelten, multidimensionalen Wesen stammen.

Magdalena und Jeshua lebten beide ein einziges Leben auf der Erde. Sie kamen um der Aufgabe willen, der Menschheit in einer dunklen Epoche Licht zu bringen. Sie sind multidimensionale Wesen, deren genetischer Ursprung Arcturus ist.

Meine Gespräche mit Magdalena fanden zwischen 2007 und 2013 statt. Neben der einen Aussage von Jeshua gibt es auch noch einen Kommentar von Isis namens *Die Gruft der Weiblichkeit.*

Noch einmal: Es geht hier nicht um die Magdalena der Bibel, um ein Flittchen und eine reuige Sünderin, wie Papst Gregor sie dargestellt hat, um die Frauen zu beschämen und herunterzumachen, sodass die Macht den männlichen Zirkeln der römischen Kirche vorbehalten blieb.

In dem Buch »Das Manuskript der Magdalena« (welches in allen Schulen und Bibelkursen Pflichtlektüre sein sollte) hat Magdalena alles mitgeteilt, was sie uns über ihr Leben zu jener Zeit sagen wollte. Sie sprach über ihre Zeit als Eingeweihte im Tempel der Isis, wie sie Jeshua am Brunnen begegnete – und über ihren Schmerz, als er getötet wurde. Sie erklärte, dies sei alles, was sie über ihr Leben als Mensch erzählen wolle.

Meine Gespräche führte ich mit dem Wesen, welches sie vorher war und seitdem ist: mit einem mächtigen, brillanten, eloquenten, multidimensionalen Wesen, welches eben von Arcturus kommt.

Die Wesen von Arcturus beschützen uns seit Millionen von Jahren. Ein paar von ihnen wie Jeshua ben Joseph, Maria Magdalena und Sanat Kumara verkörperten sich hier, um Licht zu bringen und zu lehren.

Ich finde ihre Ansichten interessanter als die von Wesen, die nie in einem irdischen Körper waren. Wer diese Erfahrung nicht kennt, ist für mich einfach ein körperloses Geistwesen aus einer anderen Dimension der Existenz.

Ich hatte immer Abstand zu Jeshua gewahrt, weil ich ihm die Schuld daran gab, was aus dem Christentum geworden ist. Doch nachdem ich diese schlichten Zeilen von ihm immer und immer wieder gelesen hatte, wurde mir klar, dass es nicht an ihm lag, sondern die Menschheit seine Worte und Absichten so verdreht hat. Nachdem ich jetzt einige Zeit mit Wesen von Arcturus verbracht habe, verstehe ich besser, was sein »Problem« war.

Die Wesen von Arcturus sind oder waren sehr auf ihre »Mission« ausgerichtet, und seine Mission bestand darin, der Menschheit eine Botschaft zu übermitteln. Die Botschaft wurde verdreht und verzerrt und hat kaum noch Ähnlichkeit mit dem, was er vermitteln wollte, aber das war nicht seine Schuld.

Die Menschen nutzten seine Unschuld aus, um Propaganda zu betreiben und die Bevölkerung zu kontrollieren. Sie haben nur ein paar Worte hier und da verdreht oder, wie es die Historiker so schön nennen, »Textkonflation« betrieben, und schon entstand eine ganz andere Bedeutung. Das geschah mit vielen seiner Aussagen.

Diese fantastischen Wesen sind immer noch sehr lebendig. Sie leben in der neunten Dimension, doch ihre Worte sind mir kostbar, weil sie hier auf der Erde in einem Körper waren und genau wie wir Steuern und Miete gezahlt haben. Sie kennen den Druck der Existenz in der dritten Dimension.

Um die folgenden Informationen bestmöglich zu nutzen, empfehle ich Ihnen, alle mentalen Vorstellungen über die betreffenden historischen und biblischen Personen und woher sie kommen, außer Acht zu lassen.

Auch wir kommen nicht einfach aus Montreal, Berlin oder New York.

Gautama Buddha kam von Orion, genauso wie Konfuzius.

Shiva entschied sich für den blauen Strahl der zehnten Dimension. Auch er kam von Arcturus.

Kuan Yin ist ein elektromagnetisches Wesen, welches stark zu Gautama Buddhas Verständnis von Erleuchtung beitrug.

Magdalena sagte zu mir: »Der genetische Ursprung jedes dynamischen Wesens, welches eine Religion oder einen spirituellen Weg gründete, liegt außerhalb dieses Planeten. Die Wesen der höheren Dimensionen begreifen die immense Dualität der dritten Dimension erst, wenn sie hier sind.«

Nach all diesen Jahren und all diesen Begegnungen mit großartigen Lehrern verehre ich Shakespeare, wer auch immer er war und von welchem Planeten auch immer er wohl kam, um seiner Worte willen: »Es gibt mehr Dinge im Himmel und auf Erden, als Eure Schulweisheit sich träumt, Horatio.«

Einleitung zu den folgenden Auszügen –

Von Magdalena, 20. November 2013

Im Folgenden dürft ihr an privaten Gesprächen teilhaben, die sich im Lauf einiger Jahre mithilfe dieses Kanals zwischen mir und Judi Sion ereignet haben. Es sind Auszüge aus Dialogen zwischen einem Wesen, welches in der geistigen Welt lebt (ich), und einer Frau, die in eurer Welt lebt. Es waren Begegnungen geistigen Einvernehmens, bei denen es oft um Lügen über das Weibliche und deren Konsequenzen für eure Religionen und letztlich eure Bestimmung ging.

Ihr steht an einem entscheidenden Punkt eurer kollektiven Geschichte, doch aus historischer Sicht gesprochen gab und gibt es viele entscheidende Punkte. Die Geschichte ist eine Konsequenz aus dem Leben der Individuen.

Die für euch wesentliche Frage ist also: An welchem Entscheidungspunkt steht ihr in Bezug auf eure eigene Existenz hier in dieser Welt und in Bezug auf eure Reise als Seele, als Bewusstsein?

Ich habe bereits darüber gesprochen, und ich erwähne es auch in diesen Gesprächen. Es ist eine Frage der individuellen Freiheit, ob ihr euer Bewusstsein erhöht oder ob ihr in eine niedrigere Form des Seins absteigt.

Eure Augen mögen euch vielleicht zeigen, dass ihr noch mehr oder weniger dasselbe menschliche Wesen seid wie immer, und eure anderen Sinne mögen euch das bestätigen, doch durch die Überzeugungen, die ihr für wahr haltet, und durch die Entscheidungen, die ihr in Bezug auf eure Wirklichkeit trefft, entwickelt ihr euch ständig vorwärts oder rückwärts.

Jeder, der diese Entscheidung für euch treffen will, ist aus meiner Sicht ein Räuber und Dieb. Meiner Ansicht nach seid ihr alle beraubt worden. Wenn ihr euch zu den höheren Potenzialen hinbewegen wollt, besteht eure erste Aufgabe darin, zurückzugewinnen, was ihr verloren habt, und euch zurückzuholen, was euch rechtmäßig gehört.

Ich werde mich kurz und bündig fassen. Ihr werdet – metaphorisch gesprochen – im Garten Eden am Baum der Erkenntnis stehen und auf euer Recht auf die Erkenntnis pochen, dass ihr Schöpferwesen seid. Dieses Wissen ist Teil von euch, denn ihr seid der Baum, und wer euch davon trennen möchte, von diesem Wissen, tut dies, um seine eigene spirituelle und irdische Macht zu erhalten.

Für manche ist es Häresie, die Frucht vom Baum eures Seins zu pflücken. Für andere ist es ein Ausdruck von Mut und Freiheit. Die Entscheidung liegt bei euch – und niemand anderem.

Maria Magdalena

Die Rückkehr der Isis

Ihr erlebt zurzeit kollektiv die Rückkehr der Isis. Es geschieht jetzt, in diesem Augenblick. Es geschieht, indem Frauen in ihre Kraft kommen, und es wird durch die Erkenntnis beschleunigt, dass die Erde durch die Taten der Menschheit bedroht ist und die Machthaber unfähig sind, die notwendigen Veränderungen zu bewirken.

Mehr und mehr Frauen kommen zusammen, um die Welt zu verändern. In diesen Gemeinschaften werden immer mehr Frauen, vor allem der jüngeren Generation, ihre Stimme erheben, um die von ihnen wahrgenommenen Fehler anzusprechen.

Die Göttin wird nicht mit einem flammenden Schwert vom Himmel herabfahren. Ihre Rückkehr findet im Herzen und im Geist der Frauen statt, der Frauen, die den Mut haben, ihre Wahrheit auszusprechen und zu tun, was sie als notwendig erachten.

Götter

Es gibt riesige Intelligenzen, die sich durch das Universum bewegen. Wer ihnen begegnet und evolutionär weniger weit entwickelt ist, hält sie für Götter.

Evolution

Aus meiner Sicht befindet sich die Erde inmitten einer alles umwälzenden Läuterung. Diese ist nicht das Werk Gottes, sondern entsteht aus dem Wesen des Planeten und des Kosmos. Eine einzelne Person kann das kaum beeinflussen. Die Kräfte, die am Werk sind, übersteigen alles, was Einzelnen möglich ist.

Um diese Läuterung spirituell intakt zu überstehen, müsst ihr lernen, gegen den Strom zu schwimmen.

Der *Strom* ist in diesem Fall die evolutionäre Implosion, der politische und spirituelle Faschismus und die Manipulation durch Angst, mit der die Menschheit zum großen Teil in Schach gehalten wird. Jeder Mensch muss seine eigene Art finden, gegen den Strom zu schwimmen. Das erfordert Meisterschaft, Intelligenz und ein hohes Maß an Kreativität und Flexibilität.

An dieser Stelle wird die Sache interessant. Eine Möglichkeit – und mit Sicherheit nicht die einzige – besteht darin, sich mit der Schwingung der Liebe zu verbinden; damit meine ich *unpersönliche Liebe*. Wenn ihr euch in diese Schwingung einhüllen könnt wie in eine Blase und euch gleichzeitig der Wirklichkeiten um euch herum bewusst bleibt – also wisst, dass nicht jeder in diesem Zustand ist –, könnt ihr wirkungsvoll und effizient gegen den Strom schwimmen und mitten im Sturm einen sicheren Hafen finden.

Paare, die in heiliger Beziehung miteinander stehen, unterstützen sich darin. Die meisten Paare leben das Gegenteil einer heiligen Beziehung. Ein Mensch wäre besser dran, allein zu sein, als sich in eine Beziehung mit jemandem zu begeben, der oder die ihm spirituell gesehen nicht ebenbürtig ist.

Eine andere passende Metapher ist das Schwimmen im Wasser. Wasser ist wie die Kraft unpersönlicher Liebe. Es umgibt euch, aber es gibt auch unbewegliche Dinge wie Felsen im Strom, und die Meisterschaft besteht darin, um Dinge, die nicht das sind, wonach ihr sucht, herumzuschwimmen, Hindernisse zu umschwimmen und sie ohne einen Blick zurück hinter euch zu lassen.

Meiner Ansicht nach sind die größten Schätze, die ein Mensch besitzen kann, immaterieller Natur. Nicht das Gold dieser Welt ist kostbar, sondern die Bewusstseinsqualitäten, die im Schmelztiegel der Existenz entwickelt werden.

Wenn ihr dieses irdische Leben verlasst, nehmt ihr diese Art von Schätzen mit euch in die anderen Bereiche. Wenn ihr solch einen großen Schatz entdeckt, wollt ihr ihn natürlich schützen.

Mir scheint, die meisten Menschen verlieren diesen Schatz im Lauf ihres Lebens. Manche finden ihn wieder und schätzen ihn dann ganz besonders. Es gibt eine Ebene der Intelligenz, die den

Wert einer Qualität erkennt und weiß, was damit zu tun ist, wie diese Qualität (zum Beispiel *unpersönliche Liebe*) genutzt werden kann, um eine Blase, ein Schwingungsfeld zu erzeugen, mit dessen Hilfe ihr stromaufwärts schwimmen könnt, auch wenn die Strömung stromabwärts gerichtet ist.

Die Erde ist eine Schule für die Seele. Dieses Leben ist vergänglich, aber spirituelles Bewusstsein ist ewig.

Eure Art, in der Dichte und im Leiden des Lebens mit diesen Herausforderungen umzugehen, bestimmt, welche Qualitäten ihr entwickelt. Zu den größten Schätzen oder Bewusstseinsqualitäten gehört die Fähigkeit, unpersönlich zu lieben, denn daraus entsteht ein Schwingungsfeld, welches aus sich selbst heraus stromaufwärts treibt. Dann trägt euch das Schwingungsfeld aufwärts. Das ist höchst effizient.

Die Frage ist, wie ihr durch die Schwierigkeiten navigiert, die mit der Läuterung des Planeten einhergehen. Wenn ihr die echten, nicht materiellen Schätze erkennt, wenn ihr euch bewusst seid, in dieser Welt ein Gast zu sein, der die Schätze spiritueller Entwicklung mitnehmen kann, sobald er aus diesem Leben scheidet, dann werdet ihr diese Periode leichter überstehen.

Ihr lebt in dieser Welt, um so viele Erfahrungen zu sammeln wie möglich, aber ihr tut es in dem Wissen, nicht von dieser Welt zu sein. Wenn ihr das mit der ganzen Kraft eures Seins leben könnt, werdet ihr die Erfahrungen dieses Lebens besser und anmutiger meistern.

Ich halte es für besser, die Gegensätze von Gut und Böse zu meiden, denn sie stehen immer in Relation zum Beobachter. Was für den einen böse ist, mag für den anderen eine heilige Mission sein.

Inmitten dieser planetarischen Umwälzungen besteht der Weg der Eingeweihten aus meiner Sicht darin, unabhängig von dem Geschehen um sie herum aufwärts zu leben und die inneren Schätze zu finden. Weiterhin müssen Eingeweihte die Fähigkeit schulen, eigenständig zu denken und zu fühlen und mithilfe dieser Fähigkeiten durch die Bedingungen und Situationen des Lebens zu navigieren, ohne die spirituellen Schätze aus den Augen zu verlieren. Das ist der Weg.

Transformation und Verzweiflung

Wahre Transformation braucht keine Hoffnung und geschieht selbst in der Verzweiflung.

Der Wahn der Einheit

Alle Wesen haben ihre eigene Sichtweise, abhängig von ihrer Bewusstseinsebene und von der Dimension, in der sie leben. Aus meiner Erfahrung ist es *niemandem* möglich, die Gesamtheit der Existenz in all ihren Dimensionen zu erfassen.

Aus meiner Erfahrung und Perspektive sind alle Wesen miteinander verbunden. Diese Verbindungen gehen durch alle Ebenen, alle Dimensionen und den ganzen Kosmos.

In eurer planetarischen Existenz seid ihr nicht getrennt, sondern Teil des planetarischen Ökosystems. Ihr seid mit allen Lebensformen aufs Innigste verbunden. Ihr atmet, weil das Pflanzenreich Kohlendioxid in Sauerstoff verwandelt. Ihr nennt es »Photosynthese«, ich nenne es lieber *devische Transformation.* Das devische Bewusstsein des Pflanzenreichs ist ungeheuer groß, intelligent und empfindungsfähig. Es transformiert seiner Natur gemäß ein Element in ein anderes. Es entspricht auf diesem Planeten seiner Natur, Kohlendioxid in Sauerstoff umzuwandeln. Und diese Transformation schenkt euch das Leben. Ihr seid also mit dem Pflanzenreich und allen anderen Lebensformen auf diesem Planeten zutiefst verbunden.

Ihr seid auch mit anderen Intelligenzen und anderen Dimensionen verbunden. Ich kann mit euch kommunizieren, weil wir miteinander verbunden sind. Diese Vernetzung ist wie ein riesiger Ozean. Es gibt darin Kanäle, die ihr »Wurmlöcher« nennt, durch welche Teile des Kosmos über große Entfernungen hinweg miteinander verbunden sind. Doch diese Vernetzung ist etwas anderes als das, was viele Menschen unter »Einheit« verstehen.

Dieser Begriff wird auf viele verschiedene Arten verwendet, daher ist es nicht hilfreich, ihn zu nennen, ohne ihn genauer zu definieren. Ich möchte daher etwas über mein Verständnis der wahren »Einheit« erzählen und wie sie sich von der Wahnvorstellung der »Einheit« unterscheidet.

Auf den höheren Bewusstseinsebenen, wo eure Erfahrung von Raum und Zeit transzendiert wird, gibt es verschiedene Ebenen der Wahrnehmung. Eine dieser Ebenen ist die Vernetzung allen Lebens, aller Bewusstseinsformen und der gesamten Existenz.

In einer bestimmten Oktave dieser Transzendenz von Zeit und Raum kommt ihr in das, was Jeshua als *Liebe* bezeichnete. Diese Liebe ist unpersönlich. Es ist keine romantische Liebe wie das, was viele Menschen unter Liebe verstehen. Sie hat nichts mit erotischer Anziehung zu tun. Sie ist eine *Resonanz,* die die gesamte Existenz in einer vernetzten Schwingung hält, und diese Schwingung schließt alles mit ein.

Dieser Bewusstseinszustand ist sehr seltsam, denn im Schwingungszustand der unpersönlichen Liebe könnt ihr im Widerstreit liegende Gegensätze leicht zusammenhalten.

In der heiteren Gelassenheit dieser Schwingung namens *Liebe* scheinen sich die Gegensätze aufzulösen. Doch gleichzeitig existieren neben diesem Schwingungszustand auch andere Wahrnehmungen und andere Wirklichkeiten.

Am Konzept der »Einheit«, wie es im New Age verwendet wird, stört mich vor allem der Mangel an Grenzen, an Rechenschaftspflicht und persönlicher Verantwortung. Es ist ironischerweise auch eine Brutstätte für einige der dunkelsten Schattenaspekte der Menschheit.

Wer wie ein Frosch in die Vorstellung der Einheit springt, begibt sich auf einen heiklen Weg, wenn er meint, auf höherer Ebene wären wir alle eins, ohne jede Differenzierung. Ich sage das wegen der Grenzen der Schwingungszustände.

Manche Menschen verwenden die Vorstellung der »Einheit« wie etwas Hypnotisches, um der Komplexität der Existenz zu entgehen. Manche von ihnen glauben, wenn wir alle eins sind, gäbe es nichts mehr zu tun, und das ist meiner Meinung nach ein trauriger Irrtum.

Persönliche Evolution findet nur selten von allein statt, sondern meistens durch den Einsatz von Herz und Geist und manchmal auch durch reine Anstrengung und persönliche Willenskraft.

Außerdem stört mich an der Vorstellung der Einheit, wie manche, wenn auch nicht alle, sie als Vorwand für Verantwortungslosigkeit verwenden.

In der authentischen Erfahrung der Vernetzung von allem kann sich das Herz weiten und alle Ebenen der Existenz umfassen. Dies kann in der Tat als eine tiefe Liebe empfunden werden, die alle Gegensätze einschließt, und könnte als ein Gefühl der »Einheit« bezeichnet werden. Doch das ist etwas ganz anderes als die Vorstellung von der »Einheit«. Letztere ist keine authentische spirituelle Erfahrung, sondern nur eine Vorstellung. Für jene, die echte spirituelle Verwirklichung anstreben, steckt diese Vorstellung voller Tücken.

Wie bereits gesagt, sehe ich eine der Schwierigkeiten der Vorstellung von der Einheit in der Missachtung der Schwingungsränder; damit meine ich die Grenzen, die jeder Schwingungszustand hat. In gewissen Bewusstseinszuständen sind alle Grenzen transzendiert, doch um im manifesten Universum zu wirken, sind Grenzen notwendig.

Die Erfahrung von Grenzenlosigkeit ist ein Bewusstseinszustand, doch er ist nicht dazu geeignet, sich effektiv durch verschiedene Schwingungszustände zu bewegen. Ihr müsst auf die Schwingungsgrenzen achten, sonst können leicht energetische Probleme entstehen.

Ich will euch ein konkretes Beispiel geben. Viele Jahre nach Jeshuas Tod gab es einen Mann, der die frühen Nachfolger von Jeshua verfolgte und tötete. Er hieß Paulus. Die Geschichte erzählt, er habe auf seinem Weg nach Damaskus eine Vision von Jeshua gehabt und mit ihm gesprochen, und plötzlich wurde dieser verächtliche, elende Mensch transformiert und erhaben. Später wurde er als der heilige Paulus bekannt.

Als Frau habe ich mit Paulus das Problem, dass er unsereiner hasste. Sein Vorurteil gegen Frauen floss durch seine Schriften und Verkündigungen in die Grundlagen der Kirche ein. Als Eingeweihte und als enge Vertraute von Jeshua – und auch als seine Lehrerin und seine Frau – finde ich Paulus' Einfluss auf die Kirche höchst unglückselig. Paulus – ich weigere mich, ihn *heilig* zu nennen – wurde nur teilweise bekehrt. Seine ungelösten Probleme mit Frauen verunreinigten seine spirituelle Erfahrung. Dieses Gift steuerte er dann den Einflüssen bei, die auf die frühen Nachfolger von Jeshua einwirkten.

Als Paulus die Vision von Jeshua hatte, erkannte er seine Irrwege in einem gewissen Umfang. Doch er ließ sich nicht tiefer auf sich selbst ein; er übersah den Rand der Schwingung, die Grenze in sich selbst, die durch seine Angst vor und seinen Hass auf Frauen aufrechterhalten wurde.

Dies war eine Schwingungsgrenze, und er bemerkte sie nicht. Er erforschte und veränderte sie nicht. Von der Energie erfüllt, die jeder Mensch erfährt, der mit der spirituellen Dimension in Kontakt kommt, schritt er nun als Bekehrer, als Prediger in die Welt. Doch er verkündete nicht die ganze Wahrheit von Jeshuas Botschaft. Seine innere Pein verzerrte die Lehre.

Es ist ein echtes Paradox, dass eine scheinbar so gute Vorstellung wie »Einheit« als Deckmantel menschlicher Dunkelheit, des sogenannten *Schattens,* verwendet werden kann. Ich persönlich halte die Idee, alle Wesen seien unterscheidungslos »eins«, für grotesk und für eine Beleidigung der Komplexität der multidimensionalen Existenz.

Ich bin mir meiner Vernetzung mit allen Wesen bewusst, und gleichzeitig weiß ich, dass ich eindeutig »ich« bin.

Auf dem Weg der Selbstverwirklichung und Meisterschaft gibt es viele Möglichkeiten und viele Entscheidungen. Keine ist besser als eine andere. Jede Entscheidung zieht einfach Konsequenzen nach sich.

Ich entscheide mich dafür, ein eigenständiges, individuelles Bewusstsein zu bleiben. Manchmal greife ich im Auftrag anderer Wesen ein, aber ich bin mir dabei immer ihrer eigenständigen Existenz und ihrer Verantwortung für ihre eigene souveräne Existenz bewusst.

Aus meiner Sicht gibt es im Augenblick des Todes viele Möglichkeiten, und es gibt viele Wege, durch die Bereiche des Todes zu reisen. Einer davon ist der Weg ins Licht, wie viele Vertreter der Einheit verkünden. Ich persönlich halte diese Art kollektiven Lichts für eine Falle. Es verführt die Seele und führt nicht zu Befreiung oder größerer Meisterschaft, sondern zu Unterwerfung.

Die Art, wie manche Menschen das Konzept der Einheit vertreten, erscheint mir tückisch. Sie versetzen sich in einen hypnotischen Zustand, indem sie sich vorstellen, wir seien alle eins. Diese Art der Hypnose erzeugt eine Pseudo-Gelassenheit, weil man darin keine Grenzen mehr berücksichtigen muss. Doch nur weil man sich etwas denkt, ist es noch lange nicht so. Viele Menschen, die das Konzept der Einheit übernommen haben, sind meiner Ansicht nach nicht wirklich bereit, sich selbst tiefer zu ergründen. Sie wollen von ihren eigenen unbewussten Kräften nichts wissen.

Während die eine Hand also gewissermaßen den Zauberstab schwingt und Pseudogefühle der Einheit erzeugt, erschafft die andere Hand Disharmonie und lebt den Schatten, das heißt unbewältigte Aspekte und niedere Impulse, aus. Weil sie diese »zweite Hand« jedoch nicht bemerken, übernehmen sie keine Verantwortung für ihr Handeln.

Dies ist keine Evolution des Geistes, sondern eine Devolution, ein Niedergang des Geistes. Das führt zu der Frage, wie es dazu gekommen ist und warum.

Als mein geliebter Jeshua sagte: »Ihr werdet größere Dinge vollbringen als ich«, bezog er sich auf die individualisierte göttliche Person, ein Wesen, welches sich seiner Beziehung zum Kosmos als deutliches Individuum bewusst ist.

Ja, manche der Kräfte einer göttlichen Person stammen aus der Erkenntnis der eigenen Verbundenheit mit dem Kosmos. Doch in dieser Verbundenheit bleibt die Identität des Individuums erhalten. Diese Art der Meisterschaft erfordert diese Individualisierung sogar. Sie fordert vom Einzelnen, sich in der enormen Weite der wechselseitigen Verbundenheit zurechtzufinden und sich dabei sowohl der Schwingungsgrenzen als auch der Beziehungsbewegungen bewusst zu sein.

Ich möchte noch etwas über Grenzen sagen. Das ist wirklich ein Paradox, weil sie gleichzeitig existieren. Beginnen wir mit dem Körperlichen, da ihr euch jeden Tag darauf bezieht.

Jede Zelle eures Körpers hat eine Grenze, eine aus Molekülen bestehende Wand, die sie von anderen Zellen trennt. Ohne diese Begrenzung könnte sie nicht existieren. Doch es gibt Öffnungen in dieser Begrenzung, durch welche die Zelle Dinge aufnehmen kann, die ihr guttun, und Dinge abstoßen kann, die ihr nicht oder nicht mehr dienlich sind, gewissermaßen die Nebenprodukte des zellulären Stoffwechsels, wie zum Beispiel Kohlendioxid.

Durch all diese Zellen, aus denen er besteht, hat euer Körper die physische Erfahrung von Grenzen. Wenn ihr gegen eine Wand lauft, begegnen sich die Grenzen eures Körpers und die Grenzen der Wand, und ihr könnt nicht durch die Wand hindurch. Das ist eine physische Realität.

Nun, alle Materie ist letztlich Raum, es ist in gewissen Körper/Geist-Zuständen daher möglich, durch eine Wand zu gehen, tatsächlich physisch durch sie hindurchzugehen. Es ist ein höchst ungewöhnlicher Zustand, aber es ist möglich, und viele eurer Yogis und Yoginis und Heilige vieler spiritueller Traditionen haben diese und andere Fähigkeiten demonstriert.

Es ist für euer Körper/Geist-System möglich, in einen supraleitfähigen Zustand zu gehen, in dem die Schwerkraft vorübergehend aufgehoben und Levitation wirklich möglich ist. Doch die meiste Zeit unterliegen die meisten Menschen der Schwerkraft.

Die Vorstellung, durch Wände zu gehen oder zu levitieren, ist etwas ganz anderes als die tatsächliche Fähigkeit, durch eine Wand zu gehen oder sich vom Erdboden zu erheben. Die energetische Meisterschaft, die für solche Fähigkeiten erforderlich ist, liegt nicht im Bereich des Denkens, sondern ist ein sehr viel komplexeres Phänomen.

Jede Schwingungsebene und jede Dimension hat Grenzen. In manchen Zuständen ist es möglich, diese Grenzen zu durchqueren, doch das erfordert ein Verständnis der Grenze, die vor euch liegt, und dessen, was ihr braucht, um durch sie hindurchzugehen.

Die wechselseitige Verbundenheit ermöglicht es euch, nach Belieben durch alle Dimensionen des Kosmos zu reisen. Aber ihr müsst die Natur jeder Grenze verstehen, der ihr begegnet, und wissen, was energetisch erforderlich ist, um sie zu durchqueren. Das ist ein ganz anderes Konzept als Einheit.

Es ist unmöglich, sich meisterlich durch den Kosmos zu bewegen, wenn man geistig mit allen anderen Wesen in einer Blase hängt. Im Gegensatz zu den Potenzialen der wechselseitigen Verbundenheit ist dieses Konzept sehr einschränkend.

Es führt zu größerer Meisterschaft und stärkt die Fähigkeit, sich durch dimensionale Grenzen zu bewegen, als individualisiertes Wesen die eigene Vernetzung mit dem Kosmos zu erforschen. Die Idee der Einheit verleiht keine derartige Meisterschaft. Aus meiner Sicht ist sie ein Verwirrung stiftendes Hornissennest und eine Brutstätte von Manipulation und nicht transformierten Schatten.

Wertlosigkeit

Planetarische Energien wirken oft wie ein Pflug, der sich gnadenlos durch den Boden der Psyche wühlt und alles Mögliche zutage fördert, was dort verborgen war – insbesondere eure tief sitzenden Wurzeln der Wertlosigkeit. Diese Wertlosigkeit, die der Pflug nach oben bringt, ist wie ein harter Feuerstein.

Meine Sichtweise des Chaos

Nehmen wir das Labadous-Tal in Südfrankreich als Beispiel. Wenn außerplanetarische Wesen dieses Tal betrachten, sehen sie Lichtfontänen, die sie messen und quantifizieren können. Sie sind sich ihrer intergalaktischen Geschwister bewusst, wie zum Beispiel der Arcturier, und wie diese betrachten sie die Erde mit einer gewissen Distanziertheit, weil sie sich in der fünften Dimension und darüber befinden und nie körperlich hier waren.

Ich hingegen bin hier gewesen, ich kenne den Geschmack, den Geruch und das Gefühl von Materie. Wenn ich in diesem Tal bin, neige ich daher dazu, diese Wesen nicht als Lichtfontänen zu sehen, sondern als Freunde, mit denen ich Beziehungen habe. Deshalb kann ich die Elemente anrufen. Ich könnte die Engel anrufen. Ich könnte mich zum Beispiel mit einem Engel in dieses Tal setzen, und der Engel wäre vielleicht sehr erregt wegen all der Störungen, die er in der Erde und in der Menschheit wahrnimmt. Und ich könnte mich dann mit diesem Engel unterhalten.

Andere außerplanetarische Wesen würden die Energie lesen und sagen, in jener Gegend, wo der Engel sitzt, nimmt das Chaos zu. Beide Sichtweisen sind zutreffend. Die eine ist einfach distanzierter, und die andere lässt sich mehr ein.

Durch die kosmischen Energiewellen, die euer Sonnensystem durchziehen, sind alle Bereiche eurer Erde, auch alle devischen Reiche, die Reiche der Elementale und die Engel der Luft, des Wassers, der Erde und des Feuers sowie die mysteriösen Engel des Raums aktiviert, stimuliert und gereizt. Das wirkt sich auf alle irdischen Bereiche genauso aus wie auf die Menschen. Alles ist in Unruhe.

Viele außerplanetarische Wesen aus der fünften und aus höheren Dimensionen überwachen Energien. Ich war in einem Leben auf der Erde, daher verstehe ich die Beziehungen der Wesen, die hier leben. Wir beschreiben dieselbe Sache, nur aus unterschiedlichen Blickwinkeln.

Manche Gruppen von Leuten regen sich sehr auf. Dies wird sich in allen Bereichen der Elemente zeigen, in der Luft, dem Feuer und ganz gewiss der Erde. Es wird sehr surreal werden. Irgendwann wird es unmöglich sein, die Beziehung zwischen den Ereignissen auf dem Planeten und dem menschlichen Bewusstsein zu leugnen, außer vielleicht für die dichtesten Individuen.

Engel

Die meisten Engel haben einzig und allein die Aufgabe, Gutes zu tun. Sie sind an nichts anderem interessiert, als ihrem Verständnis nach positive Absichten zum Ausdruck zu bringen. Es gibt unter diesen Wesen Engel mit freiem Willen, aber sie entscheiden sich, mit ihrer inneren höheren Vision im Einklang zu sein. Das ist Teil ihres Daseinszwecks. Manche Engel haben keinen eigenen freien Willen, sondern sind an die Absicht derjenigen gebunden, von denen sie abstammen. Manche Engel sind einfach energetische Boten, sozusagen die Diener dessen, dem sie ihre Existenz verdanken.

Wir sprechen dabei nicht über Gott …, wir sprechen über subatomare Kräfte. Ihr könnt das voll und ganz aus physikalischer Sicht betrachten. Subatomare Teilchen sind, zumindest aus einer

Perspektive, Engel. Sie haben nach eurem Verständnis keinen eigenen Willen, können sich jedoch manchmal mit anderen subatomaren Teilchen verbinden, um eine Absicht zu erzeugen. Dies geschieht manchmal zufällig, und manchmal hat es mit Bewusstsein zu tun – eurem Bewusstsein.

Um den Sinn hinter meinen Worten zu erfassen, verwendet euer Gehirn Moleküle, die sogenannten Neurotransmitter. Diese Moleküle sind Konstellationen von subatomaren und atomaren Teilchen.

Je nach Art ihrer Aufgabe sind diese atomaren und molekularen Boten (Engel) im Bereich der Physiologie wirksam, um euch am Leben zu erhalten, und/oder sie wirken im Bereich der Kognition, um der Welt einen Sinn zu verleihen. Sie haben keinen eigenen Willen, sondern sind an euren Willen gebunden und vollkommen im Einklang mit ihm.

Durch eure Gedanken und eure Emotionen habt ihr direkten Einfluss auf die subatomaren, atomaren und molekularen Boten (Engel) in eurem Körper. Da diese Engel an euren Willen gebunden sind, folgen sie in Bezug auf euren Körper mit erstaunlicher Genauigkeit eurer Absicht.

Als Nächstes gibt es die höhere Ordnung der Engel, die sich mit größeren Systemen als euren Körpern befassen, die also einen größeren Einflussbereich haben.

Die Engel in eurem Körper könnten zum Beispiel keine galaktischen Energieebenen übernehmen. Das würde ihre Fähigkeiten bei Weitem übersteigen.

Eine weitere Kategorie Engel hat mit dem devischen Reich zu tun. Wenn eine Blüte aufgeht, sendet sie Engelsboten aus, die ihr *Düfte* nennt. Diese ziehen Insekten und Bienen an, die die Blüte befruchten und ihre genetischen Informationen verbreiten. Es liegt in der Natur der Blume, diese Engelsboten auszusenden, so wie es in der Natur des Universums liegt, Energien hervorzubringen, die ich *Engel* nenne. Manche dieser Energien sind bewusst und haben einen freien Willen, und manche sind bewusst und haben keinen freien Willen. Manche von ihnen haben nur sehr wenig Bewusstheit, sie sind einfach Boten.

Eisen, Blut und das Magnetfeld der Erde

Welches Element erzeugt das Magnetfeld der Erde? Eisen.

Welches Element bildet den Hauptanteil des Erdkerns und erzeugt damit das Magnetfeld der Erde? Eisen.

Eisen ist auch ein wichtiges Element der Blutbildung, es gibt also ein informatives Resonanzfeld zwischen dem menschlichen Blut und dem Erdkern.

Was die Beziehung zwischen dem menschlichen Blut und dem Magnetfeld der Erde betrifft, wussten die sich von Angst ernährenden Reptiloiden schon von früh an, dass Opferungen und Blutungen bei Menschen Angst erzeugen. Die dabei entstehende Energie ermöglichte es ihnen, das Magnetfeld der Erde zu beeinflussen. Sie nutzten die Beziehung zwischen dem Blut und dem Erdkern, um ihre Absichten zu verstärken. Manche taten dies als Ritual, um die Situation stabil zu halten und an der Macht zu bleiben, zum Beispiel die Azteken in Mittelamerika.

Meine Arbeit mit anderen Menschen

Ich inspiriere viele Menschen, zu einer ausgeglichenen Weiblichkeit zurückzufinden, deshalb arbeiten viele mit verschiedenen Aspekten von mir. Manche erliegen einer Täuschung, und manche arbeiten wirklich mit Aspekten von mir.

Die Art meiner Lehren

Nachdem Jeshua aus dieser Welt geschieden war, lehrte ich und heilte durch Handauflegen. Ich sprach über Jeshuas Lehren, über die Liebe als das wahre göttliche Mysterium und über das Konzept des Mutter/Vater-Gottes.

Es gab gewisse hoch entwickelte Frauen, die ich in die Sexualmagie der Isis einführte, und ich lehrte sie, ihre Lebenskraft zu Heilungszwecken und zu ihrer eigenen Weiterentwicklung zu nutzen.

Ich vermittelte diesen Frauengruppen auch mein Wissen um die Verwendung von Heilkräutern. Ich zeigte dieser Gruppe, wie sie mithilfe von Aromaölen ihr Bewusstsein verändern können, um sich in empfängliche Bewusstseinszustände zu versetzen und die spirituellen Welten unmittelbar selbst zu erfahren.

Viele dieser Frauen begannen, selbst zu lehren. So breitete sich das Wissen um die Verwendung von Kräutern und Aromaölen zur Heilung und eigenen spirituellen Entwicklung rasch aus.

Als die patriarchale Kirche im Mittelalter ihren Zenit erreichte, wurden Frauen, die dieses Wissen hatten, als Hexen gebrandmarkt, und viele von ihnen kamen auf den Scheiterhaufen oder wurden mit unglaublicher Brutalität ermordet. Dieser frontale Angriff auf Frauen, die einfach nur um Heilung und Selbsttranszendenz wussten, geschah ausgerechnet im Namen der heiligen *Mutter Kirche*.

Dieses merkwürdige Schisma zeigte sich darin, dass Mutter Kirche, das angebliche Symbol für Tugendhaftigkeit, Frauen umbrachte, die sie als unrein und böse betrachtete. Ironischerweise wurde das Handeln dieser Mutter Kirche von Männern bestimmt.

Eine weitere Ebene dieser bitteren Ironie ist, dass die heilige Mutter Kirche (das heißt: die römische Kirche) bis zum frühen Mittelalter vollständig von Männern übernommen worden war, die ihre apostolische Autorität in ungebrochener Linie auf Petrus zurückführten, der meiner Erfahrung nach ein Frauenfeind war. Bis heute regiert in der Kirche der Frauenhass, und Frauen dürfen nur untergeordnete Ämter bekleiden. Aber es ist auch nicht die einzige Religion, die Frauen als minderwertige Menschen betrachtet und auf einen niederen Stand verbannt.

Dass Sophia als Braut Gottes (das heißt: des Logos) aus dem Gottesverständnis verbannt wurde, hatte meiner Ansicht nach verheerende Auswirkungen auf das Christentum und die ganze Welt.

Aber wir wollen die üble Geschichte der Kirche beiseitelassen und uns weiter der Essenz meiner Lehren zuwenden.

Ein paar kleineren Gruppen habe ich auch die inneren Lehren Jeshuas so offenbart, wie er sie mir gegeben hatte. Ich führte jede und jeden Einzeln durch einen Einweihungsprozess mit den Elementen. Und ich gab ihnen die inneren Lehren nur weiter, wenn ich sah, dass sie verstanden, was ich über das Wesen von Mutter/Vater Gott sagte.

Diesen fortgeschrittenen Schülern und Schülerinnen offenbarte ich schließlich auch das, was den Kirchenvätern zufolge die zentrale Häresie ist, nämlich dass alle Menschen Mutter/Vater Gott sind und es nichts gibt, was sie von dieser numinosen Wirklichkeit trennen kann – außer ihren Überzeugungen.

Der Weg zu dieser Erkenntnis führte über mehrere Stufen, zu denen auch Anweisungen für den Umgang mit den Elementen Erde, Feuer, Wasser und Luft gehörten.

Der erste Schritt bestand darin, sie in einen Bewusstseinszustand der Einheit zu führen. Dazu geleitete ich sie an entlegene Orte und zeigte ihnen Methoden, durch welche sie in einen Bewusstseinszustand gelangten, in dem sie sich selbst, das Land und alle Elemente als eins erkannten. In diesem Zustand der *Einheit mit der Natur* führte ich sie zu der Erkenntnis, dass sie auch mit Mutter/Vater Gott eins sind und es keinen Unterschied zwischen ihnen und dem Mysterium gibt.

Wenn sie diesen mit Mutter/Vater Gott vereinigten Bewusstseinszustand erlangt hatten, konnten sie mit der Kraft ihres Bewusstseins in ihrem Leben als Schöpfer und Schöpferinnen tätig werden. Das war der Kern der Lehre.

Ich unterwies auch Männer darin, diesen vereinigten Bewusstseinszustand zu erlangen und sich mit Mutter/Vater Gott zu verbinden, aber ich überließ es ihren Frauen, sie in der Sexualmagie der Isis zu unterweisen.

Wenn Sonne und Mond im Gleichgewicht und das Männliche und das Weibliche vereint sind, entsteht eine dritte, unglaublich wirksame Kraft. Diese Kraft kann die Welt verändern.

Isis spricht über die Gruft des Weiblichen

Die »Gruft des Weiblichen« – damit meine ich Gedankenformen und Überzeugungen der letzten 200 Jahre, die das Weibliche eingesperrt haben – besteht im Grunde aus dem Gefühl, Frauen hätten kein Recht auf irgendetwas, sie hätten den Männern zu dienen und sonst nichts. Die Qual, in dieser Dunkelheit zu sein und dabei um die Kraft zu wissen, die in euch wohnt, ohne sie in die Welt bringen zu dürfen, ist wahrlich eine Art Hölle.

Jeshua spricht: Gott bin ich und Gott bist du

(»Eines Nachts, allein im Garten, wurde es mir klar«)

Dies ist eine Welt extremer Polaritäten, und die besten Absichten und die reinsten Handlungen können zu etwas verbogen werden, was weit weg von dem ist, was ursprünglich gemeint war. Das gehört zu den Tragödien dieser Welt.

Als ich sagte, ohne meinen Vater vermag ich nichts, sagte ich tatsächlich: »Ohne meine Mutter und meinen Vater vermag ich nichts.« Doch meine ursprünglichen Worte gingen im Lauf der Übersetzungen verloren.

Alles, was ich tue, stammt aus dem »ICH BIN DER ICH BIN«, oder anders gesagt: aus *mir* als Gott. Doch in meinem niedrigeren Verständnis während meines Erdenlebens war ich von dieser Erkenntnis getrennt. Ich war von mir als verwirklichter Manifestation Gottes getrennt, und so gab es Grund für persönliche Zweifel.

Wenn ich mir meiner selbst als Gott bewusst bin, gibt es keinen Zweifel. Ich befinde mich jetzt ständig und in allen Bereichen in diesem Zustand, und ich verspüre keinerlei Zweifel.

Es gibt dabei zwei Ebenen. Ohne das Bewusstsein meiner selbst als Gott vermag ich nichts. Wenn ich auf einer niedrigeren Erkenntnisstufe bin als jetzt, meine ich womöglich, diese Macht sei außerhalb von mir. Dann rufe ich sie als eine äußere Macht an. Ich erkannte, dass ich in meinem eigenen Sein Gott bin. Dieser Übergang von Mensch zu Gott/Mensch war ein Quantensprung.

Gott ist eine mentale Konstruktion, die zu stark einschränkt. Die grundlegende Frage lautet: *Verehrst du eine Macht außerhalb von dir, oder verkörperst du sie ganz und gar?*

Als ich die Jünger zu mir rief, durchlebte ich die Erfahrung, mit ihren Beschränkungen umgehen zu müssen. Als ich im Garten Gethsemane war und sie alle einschliefen, war ich wahrhaft allein. In diesem Moment einsamer Bewusstheit war mir nicht mehr wichtig, was sie dachten, und das war für mich der entscheidende Augenblick. Ich ließ den Zweifel hinter mir und trat ohne einen Blick zurück durch das Tor – ich erkannte, dass ich das alles erschaffen hatte. Ich hatte sie in mein Leben geholt, sowohl zur Unterstützung als auch als Hindernisse.

Ich dachte, die Wahrheit könnte sich durch sie in der Welt verbreiten, aber es war eine verunreinigte Wahrheit, gefärbt von ihren menschlichen Unzulänglichkeiten, Missverständnissen und – im Fall von Petrus – Dummheit.

Ich will meine Bemerkung zu Petrus erklären. In den Evangelien steht, ich hätte zu Petrus gesagt, er sei der Fels, auf den ich meine Kirche baue. Doch ich habe in Aramäisch zu ihm gesprochen, und auf Aramäisch hat das Wort »Felsen« zwei Bedeutungen: *eine feste Grundlage* und *ein verfestigter Geist.*

Damals im Garten trat ich über all das, was ich erschaffen hatte, hinaus und ließ es los. Ich trat durch das Tor des Todes.

Ich bin ein großes Wesen mit vielen Facetten. Mein menschliches Dasein war nur ein kleiner Ausschnitt dessen, was ich wirklich bin – genau wie bei euch.

Tom Kenyon & Judi Sion

Wendy Kennedy

Informationen zu den Veranstaltungen von Tom Kenyon, weitere Produkt
sowie die deutschsprachige Fangemeinde findest du unter

Tom Kenyon gehört zu den bekanntesten Klangheilern unserer Zeit. Weder seine Stimme noch seine Person sind mit wenigen Worten zu beschreiben. Seine Lebendigkeit, sein Zauber und seine Integrität lassen sich nicht in Tintenpartikel auf Papier oder als Lichtpartikel auf den Bildschirm bannen. Man muss ihn und seine Stimme einfach erleben. Toms jahrzehntelange Studien, seine Erfahrungen und seine über viele Leben hinweg aufgebauten Kenntnisse ermöglichen es ihm, sich elegant und tiefgründig in den Weisheitstraditionen des tibetischem Buddhismus, der hohen ägyptischen Alchemie, des Taoismus und des Hinduismus zu bewegen. Darüber hinaus vermittelt er über Klang ein immenses Wissensfeld, das alle Zentren des physischen Körpers erweckt und damit die Verbindung zu den Worten und ihrem Geist noch vertieft.

Judi Sion zog nach einer Karriere als politische Beraterin und Journalistin in Washington, D.C. an die Westküste und veröffentlichte Bücher von Ramtha wie »Der letzte Walzer der Tyrannen«, »Finanzielle Freiheit« und »UFOs und die Beschaffenheit von Wirklichkeit«.

Tom und Judi sind seit 15 Jahren Lebens- und Geschäftspartner. 2002 veröffentlichten sie gemeinsam »Das Manuskript der Magdalena«. Sie reisen seit Jahren unermüdlich um die Welt, um die katalytischen Klänge der Hathoren global zu verankern und ihre Transformationskraft möglichst vielen Menschen zugute kommen zu lassen.

www.tomkenyon.com

Wendy Kennedy channelt seit über 15 Jahren unterschiedliche Wesenheiten aus verschiedenen Sternensystemen und Dimensionen. Zunächst empfing sie Anfang der 1990er-Jahre Visionen, die sie nicht verstand, die sie jedoch inspirierten, sich weiterzubilden. So erfuhr sie vom Channeln. Ohne recht zu wissen, was es ist, und ohne irgendjemanden zu kennen, der es tat, wusste sie, dass dies ihre Aufgabe war. Das plejadische Kollektiv der neunten Dimension wurde eine ihrer wichtigsten Quellen. Inzwischen channelt sie für Klienten aus aller Welt sowohl individuell als auch für Gruppen.

www.higherfrequencies.net

Tom Kenyon & Judi Sion
Das Manuskript der Magdalena

Paperback, 252 Seiten
(D) € 17,40
ISBN 978-3-929512-96-0

Ein Buch – Drei Teile – Ein Thema: Die Rückkehr der Kosmischen Mutter und die Würdigung und Wieder-Inthronisation des Weiblichen. Der erste Teil enthält die persönliche Geschichte von Maria Magdalena und ihrer Beziehung zu Jeshua ben Joseph, den wir heute als Jesus Christus kennen. Diese Geschichte enthüllt einige der tiefsten Geheimnisse des Isis-Kultes, so wie Isis selbst es wollte. Die Liebe zwischen Magdalena und Jeshua war so groß, dass sie zwei Jahrtausende der Lüge überdauerte, um heute, am »Anfang vom Ende der Zeit« endlich erzählt zu werden. In diesem Manuskript, das Magdalena diktiert hat und das hier wortgetreu wiedergegeben wurde, beschreibt sie auch die alchemistischen Praktiken, die sie und Jeshua durchführten. Diese Praktiken für Fortgeschrittene sowie einführende Übungsanleitungen für Anfänger werden hier detailliert und leicht nachvollziehbar dargestellt. Wunder, wie Jesus sie vollbrachte, sind, wie Magdalena erklärt, ein natürlicher Ausdruck der Kraft, die die Praktizierenden der Inneren Alchemie erwerben. Diesem bemerkenswerten Text hat Tom Kenyon einen Überblick über die wichtigsten Traditionen der inneren Alchemie beigefügt, mit besonderer Berücksichtigung der hohen ägyptischen Alchemie und einer Erläuterung der Alchemie des Horus. Auf Magdalenas Bitte hin, hat Judi Sion ihre »Geschichte einer Frau« hinzugefügt, die die Geschichte jeder Frau ist.